FORJADOS

FORMANDO A IDENTIDADE DE MENINOS DO REINO

EXPEDIENTE

DIREÇÃO EDITORIAL
SINVAL FILHO
WEGLISON CAVALARO

MARKETING E PRODUTOS
LUCIANA LEITE

CAPA E ILUSTRAÇÕES
WEGLISON CAVALARO

PROJETO GRÁFICO E DIAGRAMAÇÃO
WEGLISON CAVALARO

REVISÃO
RAFAELLA RIBEIRO

LION EDITORA
RUA DIONÍSIO DE CAMARGO, 106, CENTRO, OSASCO - SP - CEP 06086-100
CONTATO@LIONEDITORA.COM.BR • (11) 4379-1226 | 4379-1246 | 98747-0121
WWW.LIONEDITORA.COM.BR

COPYRIGHT 2024 POR LION EDITORA
TODOS OS DIREITOS SÃO RESERVADOS À LION EDITORA E PROTEGIDOS PELA LEI Nº 9.610 DE 19/02/1998. FICA ESTRITAMENTE VEDADA A REPRODUÇÃO TOTAL OU PARCIAL DESTA OBRA, POR QUAISQUER MEIOS (ELETRÔNICOS, MECÂNICOS, FOTOGRÁFICOS, GRAVAÇÃO E OUTROS), SEM PRÉVIA AUTORIZAÇÃO POR ESCRITO DA EDITORA. ESTE LIVRO É UMA PUBLICAÇÃO INDEPENDENTE, E QUAISQUER CITAÇÕES OU IMAGENS RELACIONADAS A QUAISQUER MARCAS OU PERSONAGENS SÃO UTILIZADAS SOMENTE COM A FINALIDADE DE REFLEXÃO, ESTUDO, CRÍTICA, PARÁFRASE E INFORMAÇÃO.

Dados Internacionais de Catalogação na Publicação (CIP)
(eDOC BRASIL, Belo Horizonte/MG)

C376f   Cavalaro, Weglison.
         Forjados / Weglison Cavalaro; [ilustrações do autor]; organizador Sinval Filho. – Osasco, SP: Lion, 2025.
         88 p. : il. ; 15 x 21 cm

         ISBN 978-65-83363-04-6

         1. Literatura devocional. 2. Cristianismo. 3. Religião. I. Título.
         CDD 248.4

Elaborado por Maurício Amormino Júnior – CRB6/2422

AGRADECIMENTOS

Primeiramente, agradeço a Deus, o verdadeiro ferreiro da minha vida. Ele me moldou, fortaleceu e me guiou em cada passo desta jornada. Sem sua graça e direção, este livro não existiria.

Dedico esta obra a todos os homens que me forjaram ao longo da minha trajetória de vida — meus mestres, mentores, amigos e familiares que, de diferentes formas, me ensinaram a ser forte, a confiar em Deus e a viver com propósito. Cada palavra escrita aqui carrega um pouco do que aprendi com vocês.

Em especial, dedico este livro aos meus filhos, Victor e Davi, que estão sendo forjados dia após dia. Meu desejo é que vocês cresçam com corações valentes, fé inabalável e um propósito firme no Reino de Deus. Que cada página deste livro inspire vocês a viverem como verdadeiros homens do Senhor.

Que este livro alcance muitos meninos e os ajude a serem forjados para o Reino, prontos para viver o propósito que Deus sonhou para cada um deles.

Com gratidão e fé,
Weglison cavalaro
CEO. OMUNDODEOTÁVIO

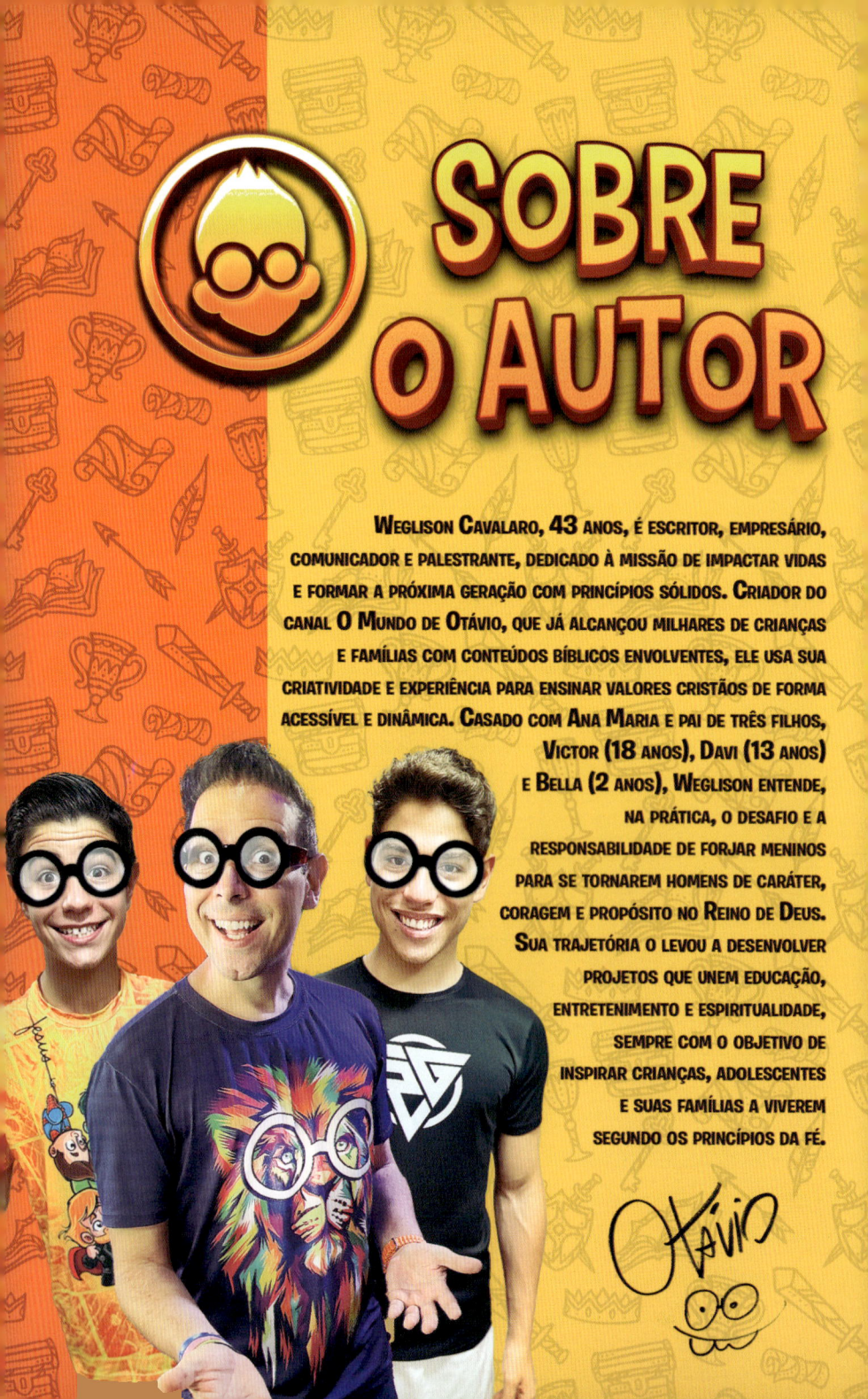

SOBRE O AUTOR

Weglison Cavalaro, 43 anos, é escritor, empresário, comunicador e palestrante, dedicado à missão de impactar vidas e formar a próxima geração com princípios sólidos. Criador do canal O Mundo de Otávio, que já alcançou milhares de crianças e famílias com conteúdos bíblicos envolventes, ele usa sua criatividade e experiência para ensinar valores cristãos de forma acessível e dinâmica. Casado com Ana Maria e pai de três filhos, Victor (18 anos), Davi (13 anos) e Bella (2 anos), Weglison entende, na prática, o desafio e a responsabilidade de forjar meninos para se tornarem homens de caráter, coragem e propósito no Reino de Deus. Sua trajetória o levou a desenvolver projetos que unem educação, entretenimento e espiritualidade, sempre com o objetivo de inspirar crianças, adolescentes e suas famílias a viverem segundo os princípios da fé.

O MUNDO DE OTÁVIO
VEM CRESCER COM A GENTE!

O CANAL "OMUNDODEOTÁVIO" NO YOUTUBE DESEMPENHA UM PAPEL FUNDAMENTAL NA FORMAÇÃO DE PRINCÍPIOS E VALORES NAS CRIANÇAS DE HOJE, OFERECENDO UMA ALTERNATIVA VALIOSA EM UM MUNDO ONDE O CONTEÚDO DIGITAL ESTÁ SEMPRE AO ALCANCE. AO COMBINAR DIVERSÃO COM APRENDIZADO, O CANAL CRIA UM AMBIENTE ONDE AS CRIANÇAS PODEM SE ENTRETER ENQUANTO ABSORVEM IMPORTANTES LIÇÕES DE VIDA E ENSINAMENTOS BÍBLICOS, TORNANDO O APRENDIZADO ALGO NATURAL E ENVOLVENTE.

CADA VÍDEO É CUIDADOSAMENTE PROJETADO PARA TRANSMITIR MENSAGENS DE AMOR, RESPEITO, COOPERAÇÃO E FÉ, DESTACANDO A IMPORTÂNCIA DA FAMÍLIA E DA COMUNIDADE. ATRAVÉS DE PERSONAGENS CATIVANTES E HISTÓRIAS ENVOLVENTES, "OMUNDODEOTÁVIO" NÃO APENAS ENTRETÉM, MAS TAMBÉM EDUCA E INSPIRA AS CRIANÇAS A SE TORNAREM INDIVÍDUOS MELHORES, PREPARADAS PARA ENFRENTAR DESAFIOS E ALCANÇAR SEUS OBJETIVOS COM INTEGRIDADE E RESPONSABILIDADE.

SUMÁRIO
FORJADOS

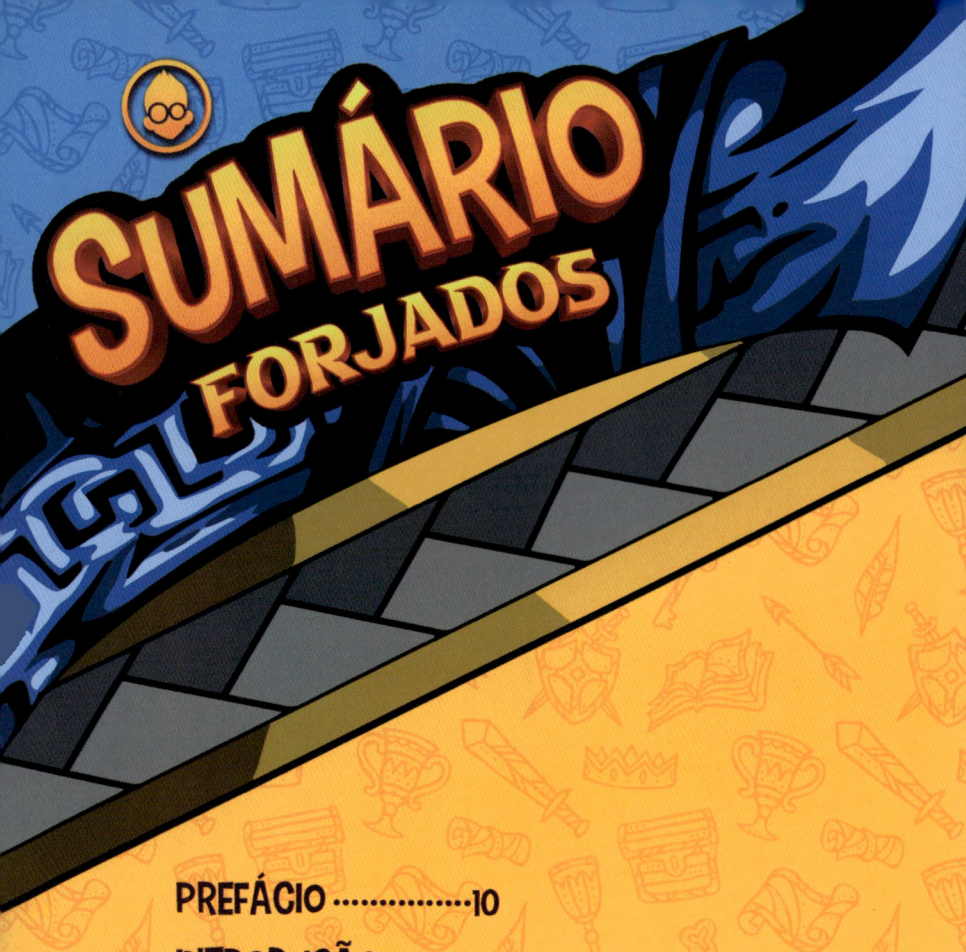

PREFÁCIO 10

INTRODUÇÃO 12

01 ABRAÃO: FORJADO PARA SER PAI DE NAÇÕES 15

02 ISAQUE: FORJADO PARA CONFIAR E OBEDECER 19

03 JOSÉ: FORJADO PARA SE TORNAR UM LÍDER 23

04 MOISÉS: FORJADO PARA UMA MISSÃO 27

05 JOSUÉ: FORJADO PARA CONQUISTAR 31

06 SAMUEL: FORJADO PARA OUVIR A VOZ DE DEUS 35

07 DAVI: FORJADO PARA A CORAGEM E A FIDELIDADE ····· 39

08 SALOMÃO: FORJADO PARA A SABEDORIA ················ 43

09 ELIAS: FORJADO PARA PERMANECER FIEL ············· 47

10 NEEMIAS: FORJADO PARA RECONSTRUIR ············ 51

11 DANIEL: FORJADO PARA A FIDELIDADE E A SANTIDADE ········· 55

12 JOÃO BATISTA: FORJADO PARA PREPARAR O CAMINHO ············· 59

13 PEDRO: FORJADO PARA SER FIRME COMO ROCHA ···················· 63

14 PAULO: FORJADO PARA TRANSFORMAR O MUNDO ················ 67

15 TIMÓTEO: FORJADO PARA SER UM EXEMPLO ···················· 71

16 ESTÊVÃO: FORJADO PARA A CORAGEM E A FÉ ················ 75

17 JESUS: FORJADO PARA SER O SALVADOR DO MUNDO ················ 79

18 MENINOS FORJADOS PARA CUMPRIR O PROPÓSITO ·············· 83

PREFÁCIO

Atualmente o termo "forjado" parece comum ou banal, de tanto que é usado, mas o seu significado é muito mais profundo e marcante. Ninguém é forjado para assistir uma série ou filme, muito menos para uma viagem de lazer ou jogar videogame. Nós só podemos ser forjados para uma coisa: enfrentar as batalhas da vida. E que batalhas? Os grandes dilemas e conflitos existenciais. As escolhas mais importantes. As rejeições e negativas que receberemos. E a lista poderia aumentar, mas você já entendeu o ponto de vista!

Por isso, o verbo "forjar" significa modelar ou fabricar por meio da forja. Em outras palavras, é como colocar algo numa forma e fazer uma cópia semelhante à forma original. Agora, voltando às batalhas...a Bíblia nos ensina que só há uma forma de vencermos o contexto externo que vivemos, cheio de desafios e dores, além de encarar uma geração egoísta, superficial e que busca apenas aquilo que traz satisfação.

A única maneira de vencer é sermos forjados ou modelados segundo o caráter de Cristo! Não adianta elaborar uma lista de atividades a fazer, para enfrentar os desafios externos, Jesus nos oferece algo muito melhor: a mudança de dentro para fora, moldando as nossas características e comportamentos de acordo com a sua Palavra. Moldando o nosso caráter conforme o caráter de Cristo!
Essa receita é infalível, porque está baseada na força do próprio Deus, e não na nossa própria força. Assim como Davi enfrentou a luta diante do "armado até os dentes" gigante Golias, declarando a base da sua fé: "Você vem a mim com uma espada, uma lança e um dardo, mas eu vou enfrentá-lo em nome do Senhor dos Exércitos, o Deus dos exércitos de Israel, que você desafiou". (1 Samuel 17.45)

Essa força não significa a ausência de lutas, elas existirão até o fim. Mas forjado segundo Jesus, nós estamos preparados para enfrentá-las. "Eu lhes falei tudo isso para que tenham paz em mim. Aqui no mundo vocês terão aflições, mas animem-se, pois eu venci o mundo" (João 16.33).

A partir da experiência dos heróis da Bíblia que também foram forjados por Deus, a minha oração é que você seja completamente preparado por meio de cada devocional! Quando as lutas vierem, você poderá declarar "Eu vou enfrentá-las em nome do Senhor dos Exércitos! Porque já não sou mais eu que vive, mas Cristo vive em mim" (Gálatas 2.20).

SINVAL FILHO

Sinval Filho - Pastor, Bacharel em Teologia e Comunicação Social, possui MBA em Gestão de Empresas e pós em História e Arqueologia Bíblica. Dirige a Lion Editora e atua na organização Luz em Ação, que faz produções audiovisuais para povos não alcançados.

FORJADOS

O Processo de Ser Forjado

"Só eu conheço os planos que tenho para vocês: prosperidade e não desgraça e um futuro cheio de esperança. Sou eu, o SENHOR, quem está falando". Jeremias 29:11 NTLH

Você já viu um ferreiro trabalhando? Ele pega um pedaço de metal bruto e o coloca no fogo. Depois, bate nele com força, moldando-o até que se torne uma espada, um escudo ou uma ferramenta útil. Esse processo se chama forjar, e não acontece de uma hora para outra. São necessários calor, pressão e tempo para transformar o metal em algo forte e valioso.

Da mesma forma, Deus quer nos forjar para sermos homens preparados para cumprir um grande propósito. Ele quer transformar meninos comuns em líderes, homens sábios, corajosos e cheios de fé. Mas, para isso, precisamos passar pelo processo da forja, enfrentando desafios, aprendendo com nossas falhas e crescendo a cada dia.

Neste livro, você conhecerá 18 homens que foram forjados por Deus. Nenhum deles nasceu pronto. Abraão precisou aprender a confiar. José passou anos sendo injustiçado antes de se tornar um grande líder. Moisés teve que vencer seus medos para guiar o povo de Israel. Davi enfrentou gigantes. Daniel permaneceu fiel mesmo diante da cova dos leões. Paulo foi transformado completamente.

Cada um desses homens passou por processos difíceis, mas, no final, Deus os moldou para serem fortes e cumprirem seu propósito no Reino. E agora, a jornada é sua.

Deus quer forjar você. Ele quer moldar seu caráter, fortalecer sua fé e te preparar para ser um líder na sua casa, na escola, na igreja e no mundo. Mas a pergunta é: Você está disposto a passar pelo processo?

Neste livro, você aprenderá com as histórias desses homens e verá como Deus pode fazer o mesmo com você. Cada capítulo traz um desafio prático para te ajudar a crescer. Este não é apenas um livro para ler, é um manual para te tornar um menino forjado para o Reino.

Você está pronto para ser forjado?
Vamos juntos nessa jornada!

FORJADOS

01

ABRAÃO

01
Forjado Para Ser Pai de Nações

Gênesis 12-22

FORJADOS

Abraão era um homem que amava e confiava em Deus com todo o seu coração. Ele vivia tranquilamente em sua terra, com sua família e amigos, quando Deus o chamou para uma missão muito especial: "Abraão, saia da sua terra e vá para o lugar que eu vou te mostrar. Eu farei de você uma grande nação!"

Isso era um grande desafio! Abraão não sabia exatamente para onde estava indo, mas escolheu confiar em Deus. Ele pegou suas coisas, reuniu sua família e partiu. Durante a caminhada, ele deve sentido medo e incerteza, mas mesmo assim, continuou, porque sabia que Deus sempre cumpre o que promete.

O tempo passou, e Deus fez outra promessa a Abraão: ele teria um filho, mesmo sendo muito idoso. Abraão esperou anos e anos por essa promessa, e parecia que nunca aconteceria. Mas ele nunca desistiu de confiar. E então, no tempo certo, Deus deu a ele um filho chamado Isaque!

Deus estava forjando Abraão na fé e na paciência. Ele queria ensinar que, mesmo quando as coisas parecem demorar ou ficar difíceis, o plano de Deus é perfeito. Abraão poderia ter desistido, mas ele escolheu acreditar. Ele aprendeu que Deus nunca esquece Suas promessas e sempre cuida de quem O obedece.

Muitas vezes, nós também precisamos confiar em Deus, mesmo sem entender tudo. Às vezes, pedimos algo a Ele e parece que demora para acontecer. Outras vezes, enfrentamos situações que não sabemos como resolver. Mas Deus está nos forjando, assim como fez com Abraão. Ele quer meninos com corações cheios de fé, que saibam esperar o tempo certo e que nunca duvidem do Seu amor.

Nesta semana, quando algo te preocupar, pare por um momento, respire fundo e ore. Entregue a sua preocupação para Deus e confie que Ele tem um plano perfeito para você. Se estiver esperando algo acontecer, lembre-se de que o tempo de Deus é sempre o melhor. E depois, compartilhe com alguém o que você aprendeu sobre confiar em Deus, assim como fez Abraão.

"Confie no SENHOR de todo o coração
e não se apoie na sua própria inteligência".
Provérbios 3:5 NTLH

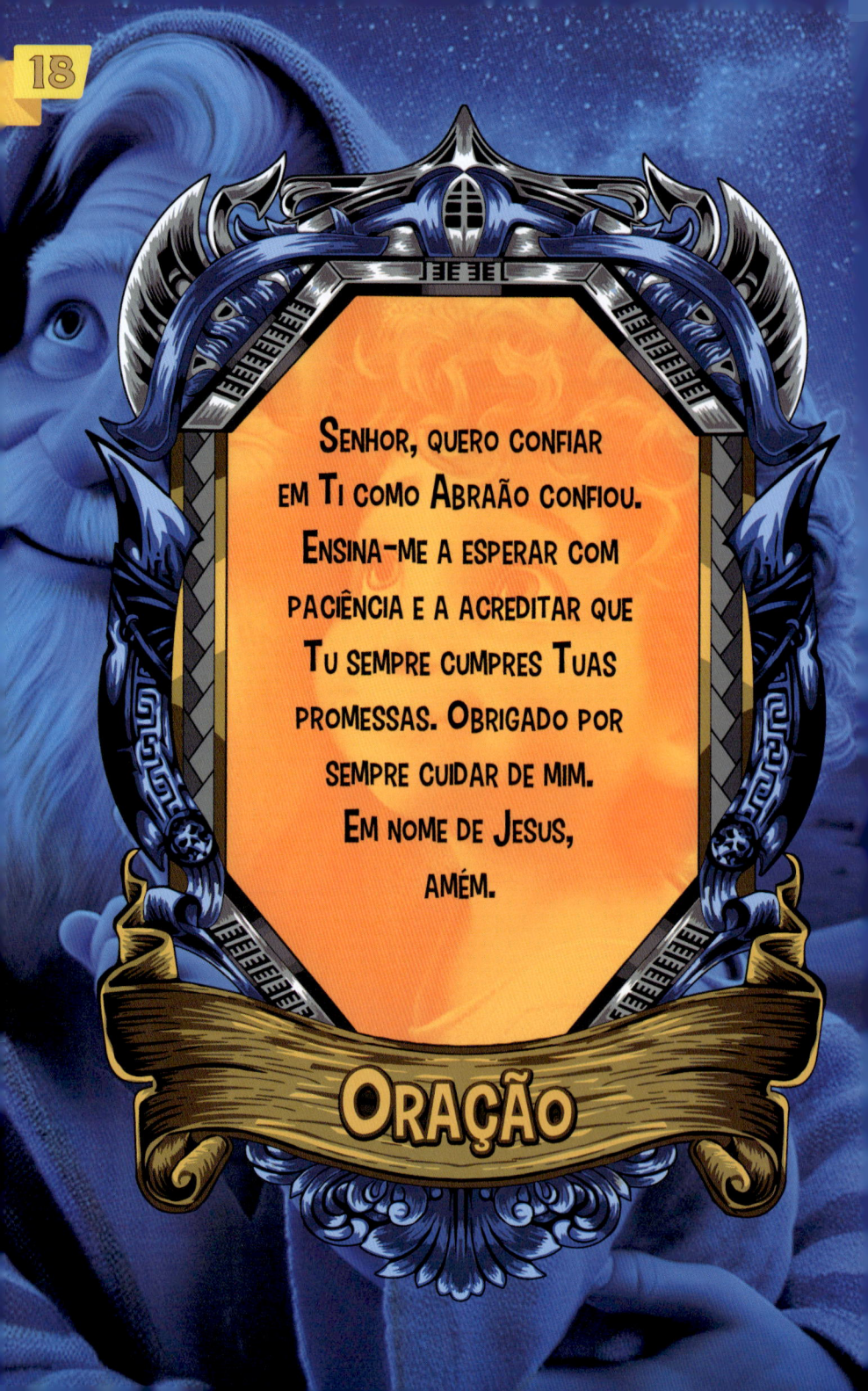

Oração

Senhor, quero confiar em Ti como Abraão confiou. Ensina-me a esperar com paciência e a acreditar que Tu sempre cumpres Tuas promessas. Obrigado por sempre cuidar de mim. Em nome de Jesus, amém.

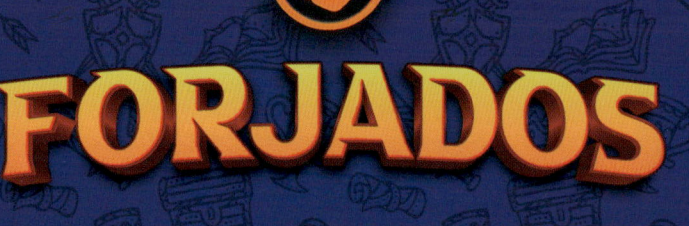

FORJADOS

ISAQUE

02
Forjado Para Confiar e Obedecer

Gênesis 22:1-14

FORJADOS

Desde pequeno, Isaque cresceu ouvindo histórias incríveis sobre Deus contadas por seu pai, Abraão. Ele sabia que era um menino especial, pois Deus havia prometido a Abraão que dele nasceria um grande povo. No entanto, Isaquee não imaginava que um dia enfrentaria uma grande prova de confiança.

Um dia, Deus pediu algo muito difícil para Abraão: que levasse seu filho ao Monte Moriá para oferecer um sacrifício. Abraão confiava tanto em Deus que obedeceu sem questionar. Ele pegou Isaque, a lenha para o sacrifício e começou a subir a montanha. Durante o caminho, Isaque percebeu que estava faltando algo e perguntou: "Pai, onde está o cordeiro para o sacrifício?" Abraão respondeu calmamente: "Deus proverá, meu filho".

Quando chegaram ao topo da montanha, Abraão preparou o altar e colocou Isaque sobre a lenha. Isaque poderia ter fugido, mas não o fez. Ele confiou em seu pai e, mais ainda, confiou em Deus. No último momento, quando Abraão levantou a mão, Deus o interrompeu e disse que ele não precisava fazer aquilo, pois era apenas um teste para ver se Abraão realmente confiava n'Ele. E então, bem ali perto, havia um cordeiro preso entre os arbustos, e Deus mostrou que sempre provê no tempo certo.

Isaque aprendeu naquele dia que Deus nunca falha e que, mesmo quando não entendemos o que está acontecendo, Ele tem um plano perfeito. Deus estava forjando Isaque na obediência e na confiança. Ele queria ensinar que obedecer a Deus, mesmo sem entender tudo, nos leva a experimentar Seus milagres.

Às vezes, pode ser difícil obedecer aos pais, aos professores ou até a Deus. Podemos não entender por que precisamos fazer algo, mas, quando confiamos e obedecemos, estamos sendo forjados para viver um futuro incrível.

Nesta semana, tente obedecer sem reclamar. Quando seus pais pedirem algo, ao invés de perguntar "por quê?", apenas confie e obedeça de coração. Você verá como isso pode mudar o seu dia e trazer paz ao seu coração. Depois, converse com um adulto sobre como foi a sua experiência.

"Filhos, o dever cristão de vocês é obedecer ao seu pai e à sua mãe, pois isso é certo".
Efésios 6:1 NTLH

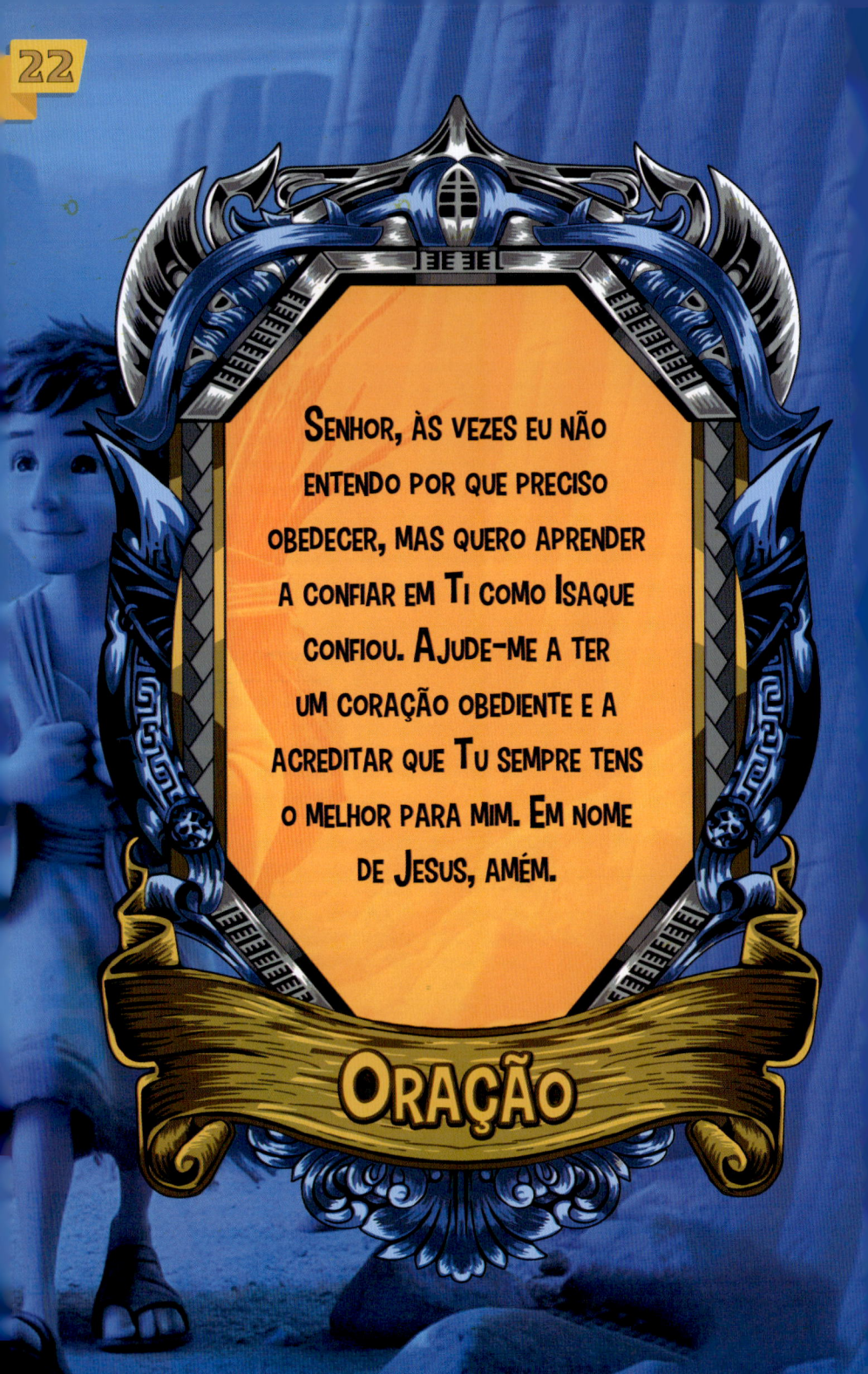

ORAÇÃO

Senhor, às vezes eu não entendo por que preciso obedecer, mas quero aprender a confiar em Ti como Isaque confiou. Ajude-me a ter um coração obediente e a acreditar que Tu sempre tens o melhor para mim. Em nome de Jesus, amém.

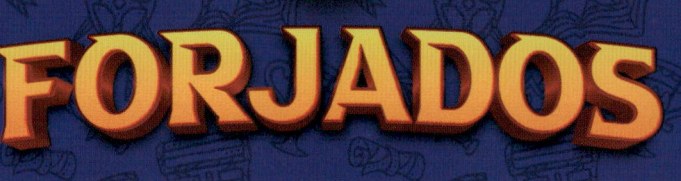

FORJADOS

03

JOSÉ

03

FORJADO PARA SE TORNAR UM LÍDER

FORJADOS — Gênesis 37; 39-45

José era um menino cheio de sonhos. Ele acreditava que Deus tinha um grande plano para sua vida e, por isso, contava para sua família tudo o que Deus mostrava em seus sonhos. Mas seus irmãos não gostavam nada disso e sentiam inveja dele. Certo dia, eles decidiram se livrar de José e o venderam como escravo para mercadores que iam para o Egito.

Longe de casa, José poderia ter ficado triste e desistido de tudo, mas escolheu confiar em Deus. Ele trabalhou com dedicação e, mesmo sendo acusado e preso injustamente, nunca perdeu a esperança. José sabia que Deus estava cuidando de tudo.

Um dia, o faraó teve um sonho estranho e ninguém sabia o que significava. Então, alguém lembrou que José sabia explicar sonhos. Deus mostrou a José a resposta, e ele contou ao faraó que viriam sete anos com muita comida e depois sete anos de fome. O faraó ficou tão impressionado que fez de José o governador do Egito!

Quando a fome chegou, os irmãos de José foram ao Egito para comprar comida. Eles não sabiam que o governador era, na verdade, José! Mas, em vez de se vingar, José os perdoou e disse: "Vocês quiseram me fazer mal, mas Deus transformou isso em algo bom!"

José foi forjado na paciência e na fidelidade. Mesmo quando tudo parecia estar dando errado, ele continuou confiando que Deus estava preparando algo maior. Deus quer nos ensinar que, mesmo quando enfrentamos momentos difíceis, Ele tem um propósito para cada um de nós.

Às vezes, passamos por dificuldades que não entendemos, mas Deus usa essas situações para nos fortalecer e nos preparar para um futuro especial.

Nesta semana, se algo difícil acontecer, em vez de reclamar, pare e ore. Peça a Deus para te dar forças e veja como Ele pode transformar qualquer situação para o seu bem. Depois, escreva ou desenhe algo que você aprendeu com essa experiência.

"Pois sabemos que todas as coisas trabalham juntas para o bem daqueles que amam a Deus, daqueles a quem Ele chamou de acordo com o seu plano."
Romanos 8:28 NTLH

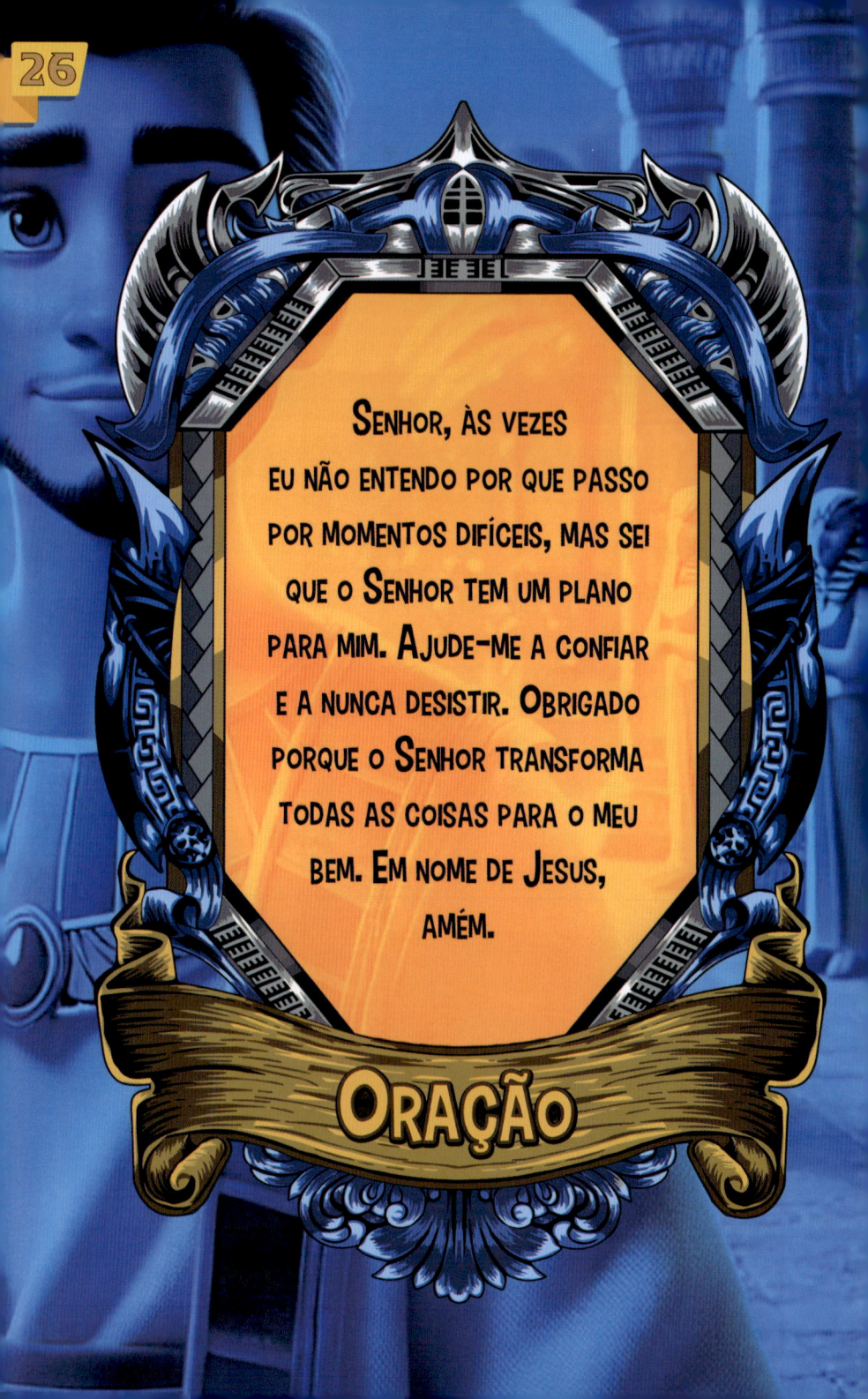

Senhor, às vezes eu não entendo por que passo por momentos difíceis, mas sei que o Senhor tem um plano para mim. Ajude-me a confiar e a nunca desistir. Obrigado porque o Senhor transforma todas as coisas para o meu bem. Em nome de Jesus, amém.

Oração

FORJADOS

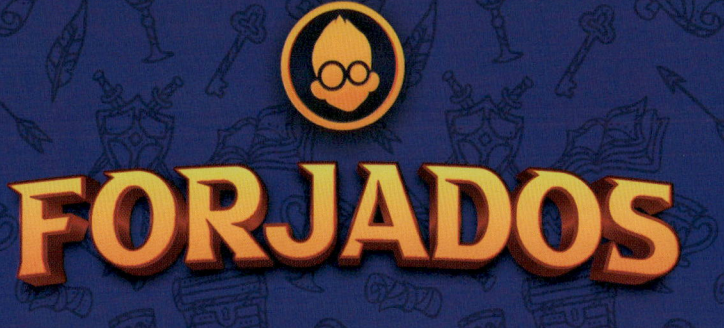

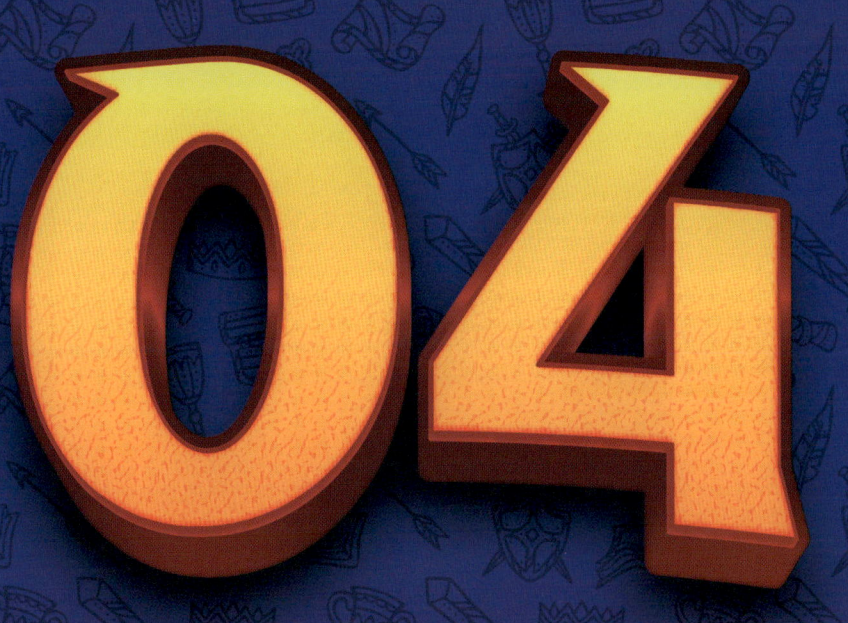

04

MOISÉS

04
Forjado Para Uma Missão

Êxodo 2–14

Moisés nasceu em um tempo de grande perigo. O faraó do Egito, temendo que os hebreus se tornassem numerosos e fortes, ordenou que todos os bebês meninos fossem mortos. Mas Deus tinha um plano. Sua mãe o escondeu e, depois de três meses, o colocou em um cesto no rio Nilo. A filha do faraó encontrou o bebê e o criou no palácio como um príncipe egípcio.

Mesmo vivendo entre os egípcios, Moisés nunca esqueceu seu povo. Quando adulto, viu a injustiça contra os hebreus e quis agir, mas acabou fugindo para o deserto. Durante anos, viveu como pastor, pensando que sua vida seguiria tranquila. Mas Deus ainda tinha uma missão para ele.

Um dia, enquanto cuidava das ovelhas, Moisés viu uma sarça ardente que não se consumia. Ao se aproximar, ouviu a voz de Deus dizendo: "Vá ao Egito e liberte o Meu povo." Moisés ficou com medo. Ele tentou argumentar, dizendo que não era bom com palavras e que ninguém acreditaria nele. Mas Deus respondeu: "Eu estarei com você."

Moisés obedeceu e enfrentou o faraó, declarando que Deus queria libertar Seu povo. O faraó resistiu, mas Deus enviou dez pragas poderosas para mostrar Sua força. Após a última praga, o faraó permitiu que os hebreus saíssem. Quando chegaram ao Mar Vermelho, e o exército egípcio vinha atrás, Deus fez um grande milagre: o mar se abriu e o povo atravessou em terra seca!

Moisés foi forjado para uma missão maior do que ele poderia imaginar. Deus queria ensiná-lo que não importam nossas fraquezas—se Ele nos chama, Ele nos capacita.

Talvez você também tenha medo de desafios ou ache que não é capaz de fazer algo grande. Mas Deus tem um propósito para cada um de nós. Ele nos molda, prepara e nos chama para cumprir nossa missão.

Essa semana, peça a Deus para te mostrar como Ele pode te usar. Pode ser ajudando um amigo, obedecendo mais em casa ou incentivando alguém que precisa de apoio.

"Seja forte e corajoso! Não fique desanimado, nem tenha medo, porque eu, o SENHOR, seu Deus, estarei com você em qualquer lugar para onde você for!"
Josué 1:9 NTLH

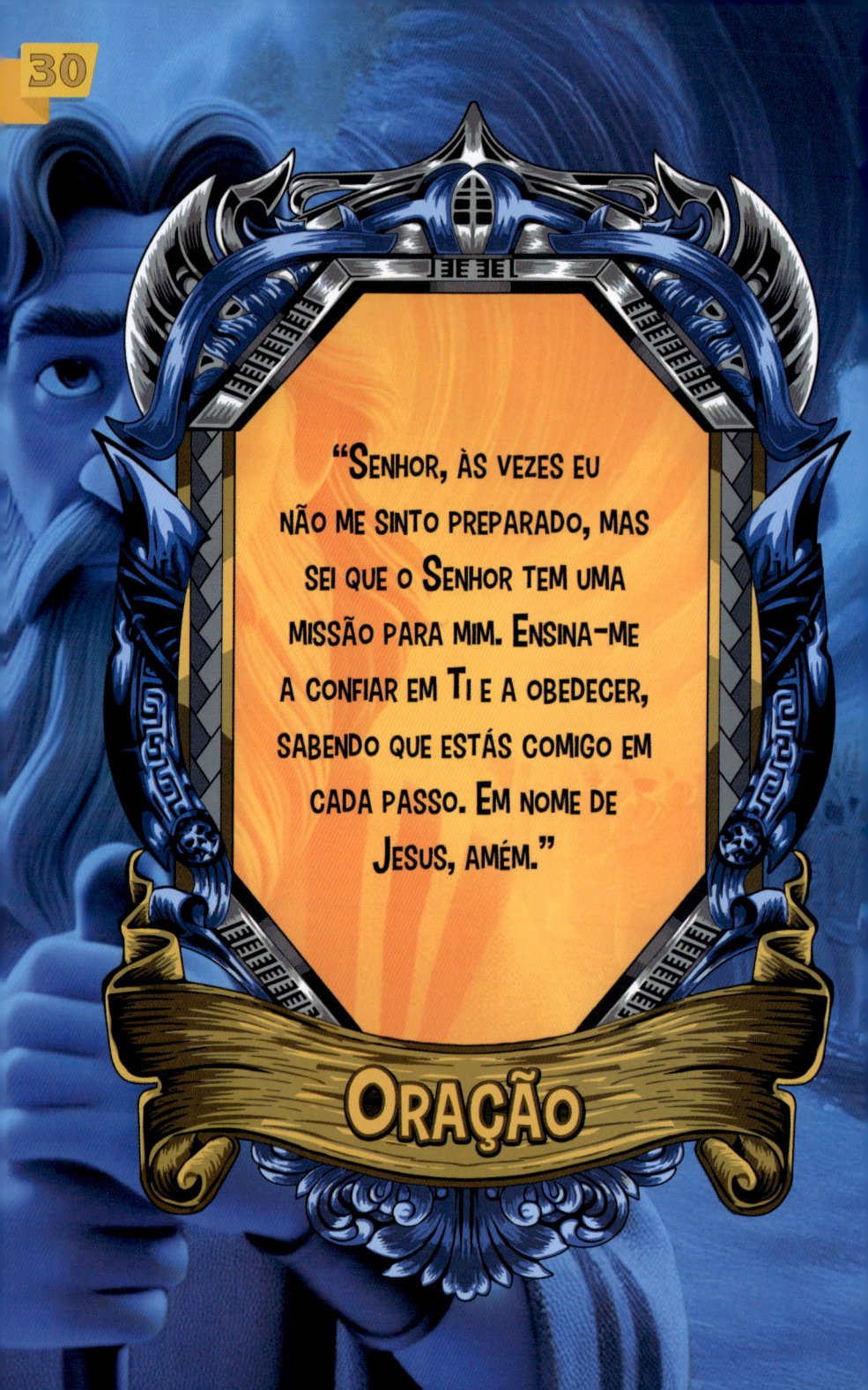

05 — Forjado Para Conquistar

Josué 1-6

FORJADOS

Josué começou sua jornada como servo de Moisés, aprendendo com ele a ouvir a voz de Deus e a confiar em Suas promessas. Desde jovem, ele demonstrava coragem e fé. Quando Moisés enviou doze espias para analisar a Terra Prometida, dez voltaram com medo, dizendo que os inimigos eram gigantes e que Israel nunca conseguiria vencê-los. Mas Josué e Calebe confiaram no Senhor e disseram: "Se Deus está conosco, podemos conquistar essa terra!"

Depois da morte de Moisés, Deus escolheu Josué para liderar o povo. Ele tinha a missão de conquistar a terra que Deus havia prometido a Israel. Não era um desafio fácil. Josué precisava atravessar o rio Jordão e enfrentar povos poderosos. Mas Deus lhe deu uma ordem clara: "Seja forte e corajoso! Não tenha medo, pois Eu estarei com você".

A primeira grande batalha foi contra a cidade fortificada de Jericó. Deus não pediu espadas ou grandes estratégias militares. Ele ordenou que o povo marchasse ao redor da cidade por sete dias e, no último dia, tocassem as trombetas e gritassem bem alto. Aos olhos humanos, isso parecia estranho, mas Josué confiou. No sétimo dia, quando o povo gritou, as muralhas de Jericó caíram!

Josué foi forjado na coragem e na obediência. Ele aprendeu que as vitórias vêm quando confiamos em Deus e seguimos Suas instruções, mesmo quando parecem impossíveis.

Muitas vezes, enfrentamos desafios que parecem grandes demais - Um problema na escola, uma dificuldade em casa ou algo que nos dá medo. Mas Deus nos chama para sermos corajosos e obedientes, assim como Josué.

Nesta semana, confie em Deus diante de um desafio. Ore e peça força para enfrentar qualquer dificuldade com coragem e fé.

> "Seja forte e muito corajoso. Tome cuidado e viva de acordo com toda a Lei que o meu servo Moisés lhe deu. Não se desvie dela em nada e você terá sucesso em qualquer lugar para onde for".
> **Josué 1:7 NTLH**

FORJADOS

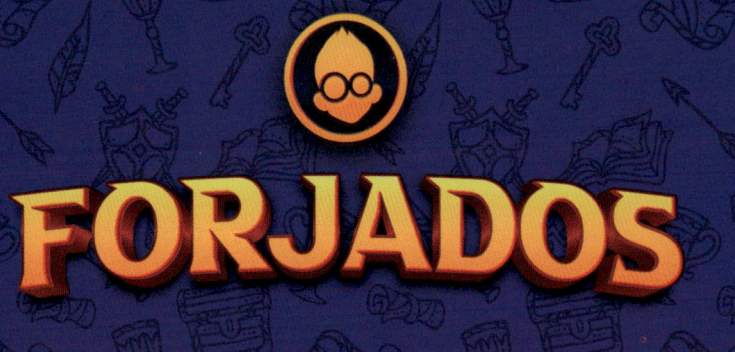

06

SAMUEL

06

1 Samuel 1-3

Forjado Para Ouvir a voz de Deus

Antes de nascer, Samuel já era um menino escolhido por Deus. Sua mãe, Ana, orou muito pedindo um filho e prometeu que, se Deus lhe desse um, ela o entregaria para servi-Lo. Deus ouviu sua oração, e assim que Samuel cresceu, Ana o levou para o templo, onde ele passou a viver e aprender com o sacerdote Eli.

Samuel servia a Deus desde pequeno, mas um dia algo especial aconteceu. Durante a noite, ele ouviu alguém chamando: "Samuel!" Pensando que era Eli, correu até ele e disse: "Estou aqui!" Mas Eli respondeu que não havia chamado. Isso aconteceu três vezes até que Eli percebeu que era Deus falando com Samuel. Então ele disse: "Se ouvir a voz novamente, diga: 'Fala, Senhor, pois o Teu servo está ouvindo".

Naquela noite, Deus falou diretamente com Samuel pela primeira vez. A partir daquele dia, Samuel se tornou um profeta, alguém que ouvia a voz de Deus e transmitia Suas palavras ao povo. Ele cresceu sendo um dos líderes mais importantes de Israel e ensinou ao povo a importância de obedecer ao Senhor.

Samuel foi forjado na sensibilidade à voz de Deus e na obediência. Ele aprendeu que ouvir a Deus e seguir Sua vontade é o caminho para uma vida com propósito e bênçãos.

Hoje, Deus ainda fala conosco. Ele nos ensina através da Bíblia, da oração e de pessoas que nos aconselham. Mas precisamos ter um coração atento, assim como Samuel.

Nesta semana, tire um momento para falar com Deus e ficar em silêncio por alguns minutos. Peça a Ele que te ajude a reconhecer Sua voz.

"Fala, pois o teu servo está escutando!"
1 Samuel 3:10b NTLH

FORJADOS

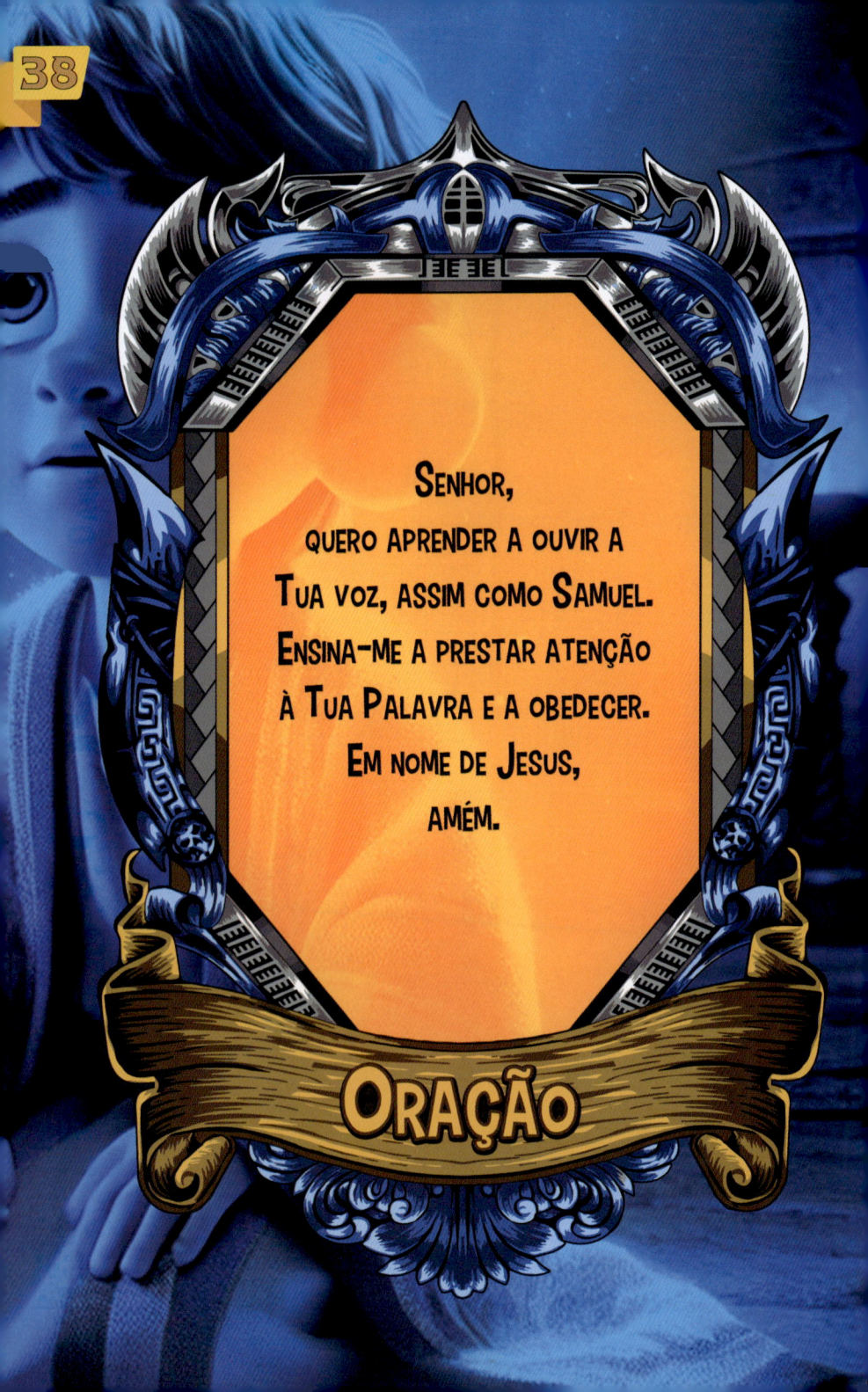

Senhor, quero aprender a ouvir a Tua voz, assim como Samuel. Ensina-me a prestar atenção à Tua Palavra e a obedecer. Em nome de Jesus, amém.

ORAÇÃO

07

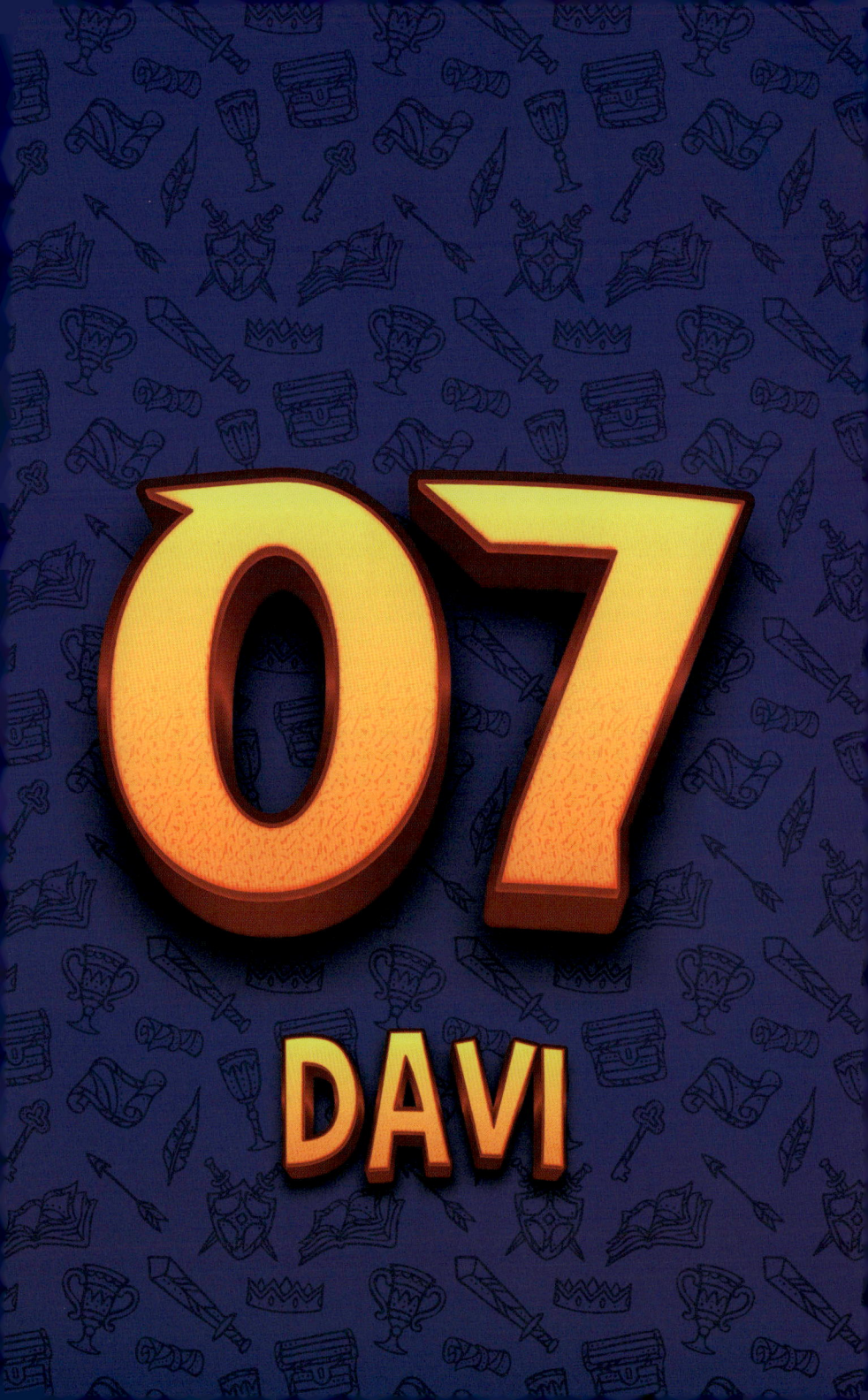

DAVI

Forjado para a coragem e a fidelidade

07

Forjados

1 Samuel 16-17

Davi era o filho mais novo de Jessé e passava seus dias cuidando das ovelhas da família. Enquanto seus irmãos mais velhos treinavam para a guerra, Davi ficava no campo, protegendo o rebanho de leões e ursos, tocando harpa e desenvolvendo um coração de adoração a Deus. Ele parecia apenas um pastor comum, mas Deus via algo muito especial nele.

Um dia, o profeta Samuel foi à casa de Jessé, pois Deus havia lhe dito que um dos filhos dele seria o próximo rei de Israel. Um a um, os irmãos mais velhos passaram diante de Samuel, mas Deus disse: "Não olhe para a aparência, pois Eu vejo o coração". Então, chamaram Davi, que estava no campo. Deus confirmou: "É este!" e Samuel o ungiu como rei. No entanto, Davi não subiu ao trono imediatamente - Ele ainda precisava passar por um processo de forja.

Pouco tempo depois, Israel entrou em guerra contra os filisteus. No campo de batalha, um gigante chamado Golias desafiava os soldados de Israel todos os dias, e ninguém tinha coragem de enfrentá-lo. Quando Davi visitou seus irmãos, ouviu as provocações do gigante e disse: "Quem é esse para desafiar o exército do Deus vivo?" Mesmo sendo jovem, decidiu enfrentá-lo.

O rei Saul tentou vesti-lo com uma armadura, mas era pesada demais. Então, Davi pegou apenas sua funda e cinco pedras lisas do riacho. Enquanto Golias ria dele, Davi declarou: "Você vem contra mim com espada e lança, mas eu vou contra você em nome do Senhor dos Exércitos!" Com apenas uma pedra, ele acertou Golias na testa e o gigante caiu.

Davi foi forjado na coragem e na fidelidade a Deus. Ele aprendeu que a verdadeira força não vem do tamanho das armas, mas da confiança no Senhor. Às vezes, enfrentamos "gigantes" em nossas vidas - Medos, desafios na escola ou dificuldades em casa. Mas quando confiamos em Deus e avançamos com fé, Ele nos dá a vitória.

Nesta semana, escolha enfrentar algo que te assusta. Pode ser falar com alguém novo, pedir desculpas ou tentar algo difícil. Confie que Deus está com você e siga em frente!

> "O SENHOR Deus é a minha luz e a minha salvação; de quem terei medo?"
> Salmos 27:1a NTLH

DAVI

41

Senhor, assim como Davi confiou em Ti, quero ter coragem para enfrentar meus desafios. Sei que o Senhor está comigo e me fortalece. Amém.

Oração

FORJADOS

08

SALOMÃO

08

Forjado Para a Sabedoria

FORJADOS — 1 Reis 3:5-14

Salomão era filho do grande rei Davi e herdou o trono de Israel ainda jovem. Ele sabia que governar um povo inteiro não era uma tarefa fácil e sentia que precisava da ajuda de Deus. Então, em uma noite, algo incrível aconteceu: Deus apareceu a Salomão em um sonho e disse: "Peça o que quiser, e eu lhe darei".

Salomão poderia ter pedido riquezas, fama ou uma vida longa, mas ele pediu algo muito mais valioso: sabedoria para governar com justiça. Deus ficou tão feliz com esse pedido que lhe deu não apenas sabedoria, mas também riquezas e honra como nenhum outro rei teve antes.

A sabedoria de Salomão logo foi colocada à prova. Um dia, duas mulheres foram ao palácio, brigando pelo mesmo bebê. Cada uma dizia ser a verdadeira mãe da criança. Não havia testemunhas, e parecia impossível saber quem estava dizendo a verdade. Então, Salomão teve uma ideia brilhante e disse: "Tragam uma espada. Vamos dividir a criança ao meio para que cada uma fique com uma parte!"

Assim que ele disse isso, uma das mulheres gritou desesperada: "Não! Deixe a criança viva e entregue-a para a outra mulher!" A outra, porém, concordou com a divisão. Naquele momento, Salomão soube quem era a verdadeira mãe: aquela que preferiu perder o filho a vê-lo morto. Com essa decisão sábia, ele devolveu o bebê à sua verdadeira mãe e mostrou a todos que Deus lhe havia dado grande discernimento.

Salomão foi forjado na sabedoria e no discernimento porque escolheu colocar Deus acima de todas as coisas. Ele nos ensina que, mesmo que o conhecimento e a inteligência sejam importantes, a verdadeira sabedoria vem de Deus e nos ajuda a tomar boas decisões.

Muitas vezes, precisamos tomar escolhas no nosso dia a dia, como agir diante de um problema, como tratar os outros ou como resolver um conflito. Deus quer nos ensinar a sermos sábios para fazermos o que é certo.

Nesta semana, antes de tomar qualquer decisão importante, ore e peça a Deus sabedoria. Se tiver dúvidas, pergunte a um adulto de confiança.

> "Mas, se alguém tem falta de sabedoria, peça a Deus, e ele a dará porque é generoso e dá com bondade a todos".
> **Tiago 1:5 NTLH**

SALOMÃO

45

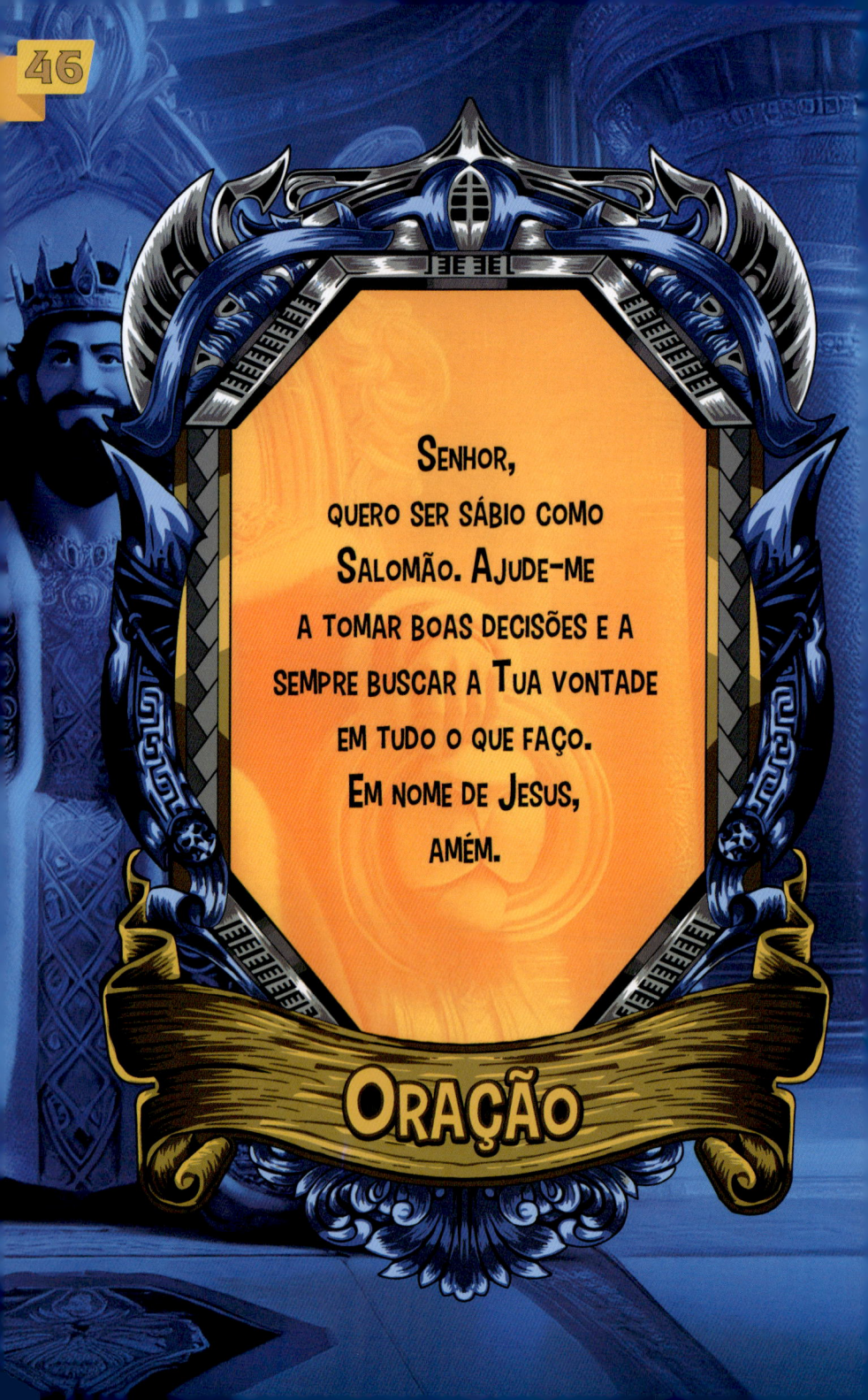

Senhor, quero ser sábio como Salomão. Ajude-me a tomar boas decisões e a sempre buscar a Tua vontade em tudo o que faço. Em nome de Jesus, amém.

Oração

FORJADOS

09

ELIAS

Forjado Para Permanecer Fiel

09

Forjados

1 Reis 17-19

Elias era um profeta de Deus em um tempo muito difícil para Israel. O rei Acabe e a rainha Jezabel haviam levado o povo a adorar ídolos e se afastar do Senhor. Elias, porém, permaneceu fiel e corajoso, mesmo quando parecia estar sozinho. Ele sabia que só existia um Deus verdadeiro e estava disposto a defendê-Lo. Certo dia, Deus disse a Elias para avisar ao rei que não choveria mais sobre a terra até que o povo se arrependesse. Por três anos, não caiu uma gota de chuva, e a terra ficou seca. Mas Deus cuidou de Elias, enviando corvos para lhe trazer comida enquanto ele se escondia no deserto.

Depois desse tempo, Elias voltou e fez um desafio aos profetas de Baal no Monte Carmelo. Ele disse: "Se Baal é deus, sigam-no. Mas se o Senhor é Deus, sigam ao Senhor!" Então, prepararam dois altares: um para Baal e outro para o Senhor. Os profetas de Baal clamaram, gritaram e dançaram o dia inteiro, mas nada aconteceu. Então, Elias fez uma oração simples: "Ó Senhor, mostra a este povo que Tu és o verdadeiro Deus!" Na mesma hora, Deus enviou fogo do céu, consumindo todo o sacrifício, as pedras e até a água ao redor do altar. O povo caiu de joelhos e reconheceu que o Senhor era o único Deus!

Mesmo depois desse grande milagre, Elias sentiu medo e se escondeu. Mas Deus falou com ele de maneira suave e gentil, mostrando que sempre estava ao seu lado. Assim, Elias aprendeu que Deus não se revela apenas por meio de grandes sinais, mas também no silêncio do coração.

Elias foi forjado na fidelidade e na coragem para permanecer firme, mesmo quando todos ao seu redor agiam diferente. Deus procura meninos que não tenham medo de fazer o que é certo, mesmo quando parece difícil.

Às vezes, podemos nos sentir sozinhos ao fazer o que é certo, mas Deus sempre está conosco e nos fortalece para permanecermos fiéis. Nesta semana, escolha fazer o que é certo, mesmo que ninguém mais esteja fazendo. Isso pode ser dizer a verdade, ajudar alguém ou defender um amigo.

> "Sejam fortes e tenham coragem, todos vocês que põem a sua esperança em Deus, o SENHOR!"
> Salmos 31:24 NTLH

Elias

49

50

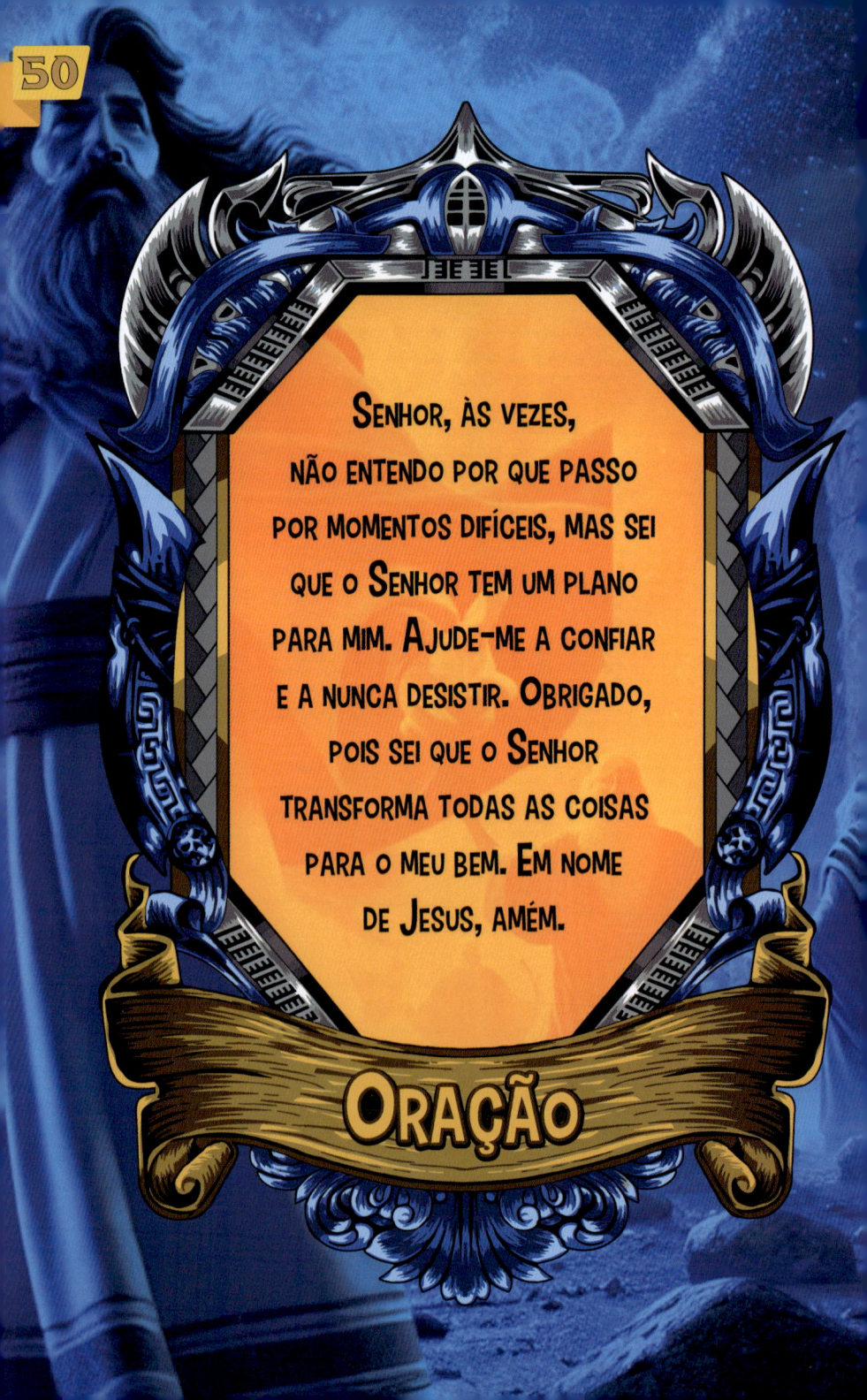

Senhor, às vezes, não entendo por que passo por momentos difíceis, mas sei que o Senhor tem um plano para mim. Ajude-me a confiar e a nunca desistir. Obrigado, pois sei que o Senhor transforma todas as coisas para o meu bem. Em nome de Jesus, amém.

ORAÇÃO

FORJADOS 10
NEEMIAS

10
Forjado Para Reconstruir

Neemias 1-6

Forjados

Neemias era um homem que amava a Deus e ao seu povo. Ele morava na Babilônia e trabalhava como copeiro do rei, um trabalho muito importante, mas seu coração estava em Jerusalém, sua cidade natal. Um dia, Neemias recebeu uma notícia triste: os muros de Jerusalém estavam destruídos, e as pessoas estavam desprotegidas e sem esperança. Isso fez seu coração se encher de tristeza, e ele orou pedindo a Deus direção sobre o que fazer.

Neemias pediu permissão ao rei para voltar a Jerusalém e ajudar liderando na reconstrução dos muros. O rei permitiu, e Neemias viajou para sua cidade com um grande propósito. Mas essa não foi uma tarefa fácil. Quando começaram a reconstrução, os inimigos tentaram impedir o trabalho, zombando e ameaçando os trabalhadores. Mas Neemias não desistiu. Ele encorajou o povo e declarou: "Nosso Deus lutará por nós!"

Enquanto alguns trabalhavam com tijolos e pedras, outros seguravam espadas para proteger a obra. Neemias e seu povo confiaram em Deus e, apesar de todas as dificuldades, reconstruíram os muros em apenas 52 dias! Quando os inimigos viram o que havia sido feito, perceberam que foi Deus quem deu a vitória ao povo.

Neemias foi forjado na determinação e na fé. Ele nos ensina que, quando Deus nos dá um propósito, precisamos trabalhar com coragem e nunca desistir, mesmo quando as coisas ficam difíceis.

Às vezes, na nossa vida, algo pode parecer "quebrado" - uma amizade que precisa ser restaurada, um erro que precisa ser corrigido, ou um desafio impossível de superar. Mas Deus nos chama para ser reconstruída, ajudando os outros e nunca desistindo do que é certo, assim como Neemias.

Nesta semana, pense em algo que precisa ser "reconstruído" na sua vida ou na vida de alguém e tome uma atitude para consertar.

> "O Deus do céu nos dará sucesso. Nós somos servos dele e vamos começar a construir."
> **Neemias 2:20a NTLH**

NEEMIAS

53

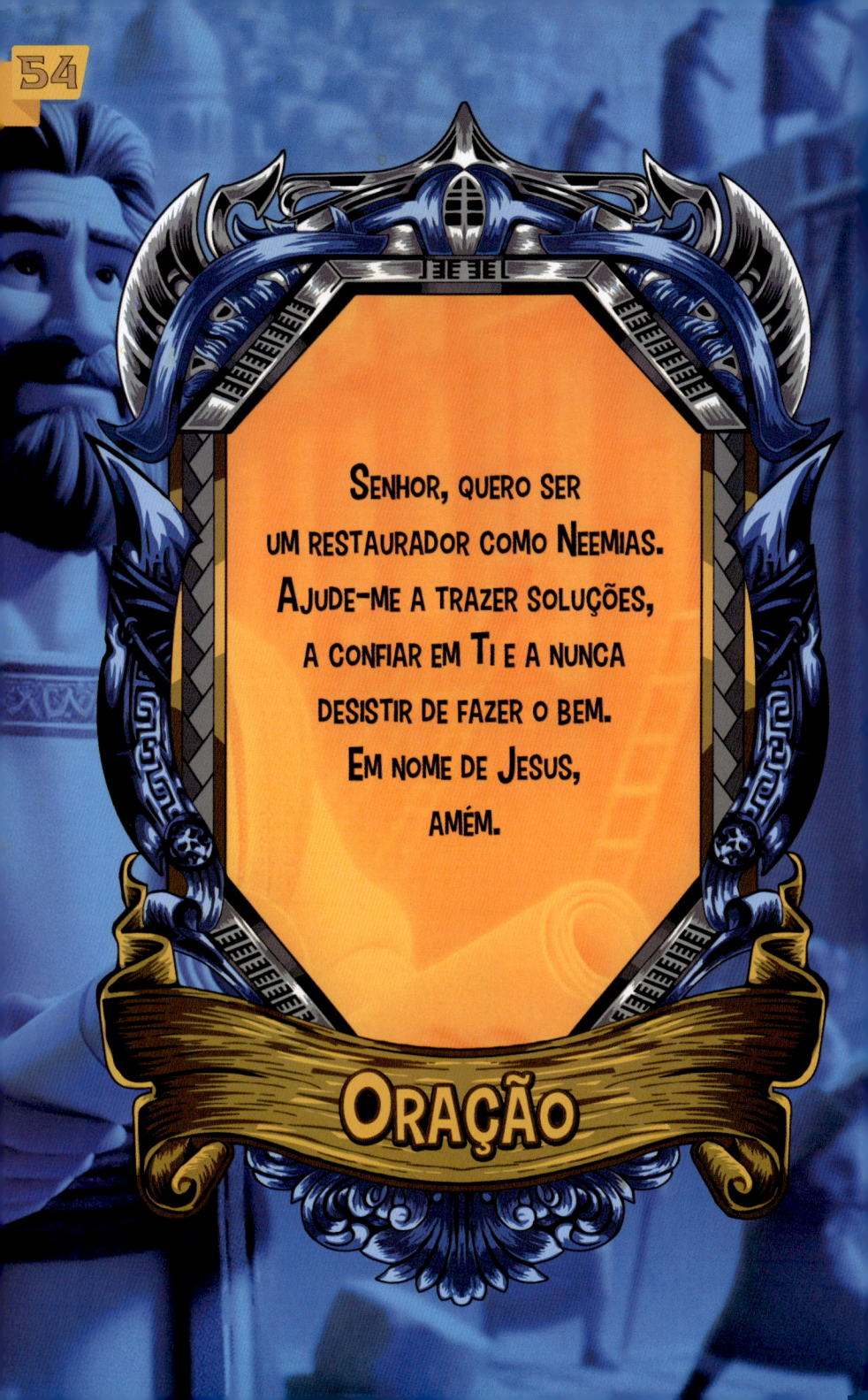

Senhor, quero ser um restaurador como Neemias. Ajude-me a trazer soluções, a confiar em Ti e a nunca desistir de fazer o bem. Em nome de Jesus, amém.

Oração

FORJADOS

11

DANIEL

# Forjado Para a Fidelidade e a Santidade

11

Daniel 1 – 6

FORJADOS

Daniel era um jovem que foi levado como prisioneiro para a Babilônia junto com outros israelitas. Mesmo estando longe de sua terra, ele decidiu que não ia se deixar influenciar pelos costumes daquele lugar. O rei da Babilônia ofereceu comidas e bebidas especiais aos jovens prisioneiros, mas Daniel sabia que aquelas refeições não estavam de acordo com os princípios de Deus. Então, ele pediu permissão para comer apenas legumes e beber água.

No começo, muitos acharam que isso não daria certo. Mas, após dez dias, Daniel e seus amigos estavam mais saudáveis e fortes do que aqueles que haviam comido a comida do rei. Deus honrou a decisão deles, dando a Daniel sabedoria e tornando-o um dos homens mais respeitados do reino.

Com o tempo, Daniel continuou sendo fiel a Deus e conquistou posições importantes. Porém, isso causou inveja em algumas pessoas, que convenceram o rei a criar uma lei dizendo que ninguém poderia orar a outro deus, apenas ao rei. Daniel, no entanto, não mudou sua rotina de oração. Três vezes ao dia, ele se ajoelhava e orava a Deus, sem medo das consequências.

Os inimigos de Daniel o denunciaram, e o rei, mesmo não querendo, teve que jogá-lo na cova dos leões mas Deus fez com que os leões não fizessem mal a Daniel, e ele saiu de lá sem nenhum arranhão! No dia seguinte, o rei ficou surpreso com o milagre e mandou que todos no reino respeitassem o Deus de Daniel.

Daniel foi forjado na fidelidade e na santidade. Ele nos ensina que, mesmo que seguir a Deus possa ser difícil, nunca estamos sozinhos quando escolhemos fazer o que é certo.

Hoje, o mundo pode tentar nos afastar de Deus, mas precisamos ser fiéis como Daniel. Mesmo quando os outros escolhem o caminho errado, devemos permanecer firmes naquilo que sabemos que agrada ao Senhor.

> "Não vivam como vivem as pessoas deste mundo, mas deixem que Deus os transforme por meio de uma completa mudança da mente de vocês. Assim vocês conhecerão a vontade de Deus, isto é, aquilo que é bom, perfeito e agradável a ele".
> Romanos 12:2 NTLH

DANIEL

57

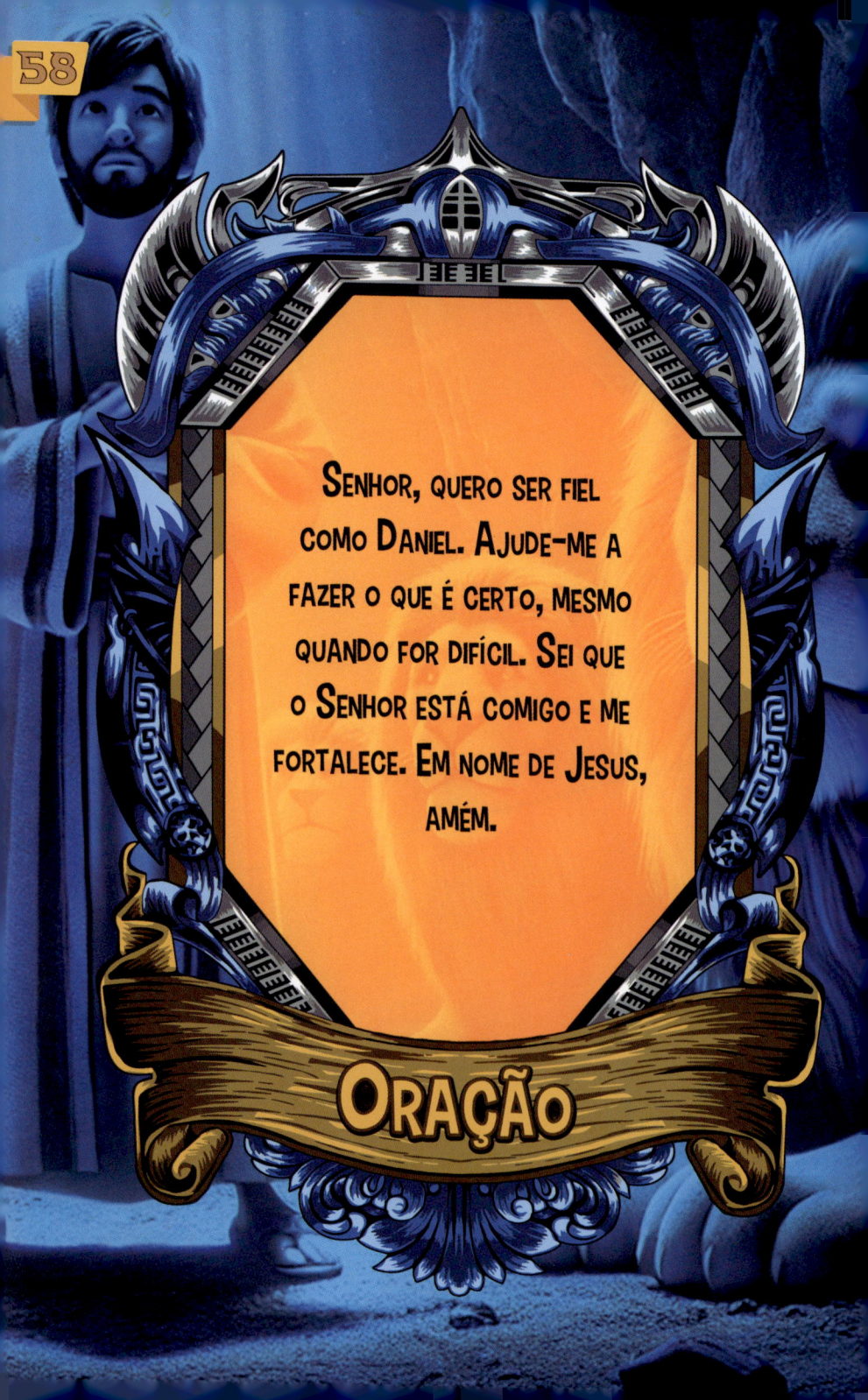

Senhor, quero ser fiel como Daniel. Ajude-me a fazer o que é certo, mesmo quando for difícil. Sei que o Senhor está comigo e me fortalece. Em nome de Jesus, amém.

Oração

FORJADOS

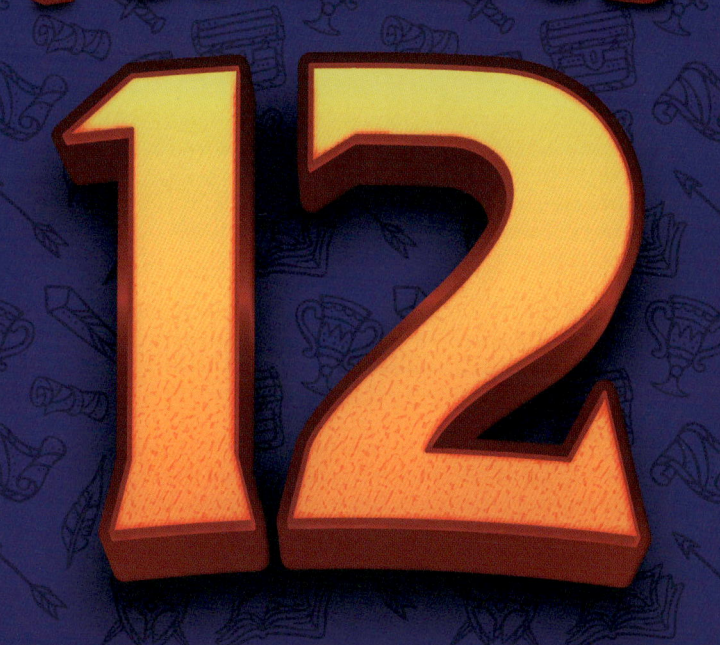

12

JOÃO BATISTA

12 — Forjado Para Preparar o Caminho

Lucas 1; Mateus 3

FORJADOS

Antes de Jesus começar Seu ministério, Deus escolheu um homem especial para preparar o caminho para Ele: João Batista. Desde antes de nascer, João já tinha um propósito. O anjo Gabriel apareceu ao seu pai, Zacarias, e disse que seu filho seria um grande profeta e guiaria muitas pessoas ao arrependimento.

João cresceu no deserto, longe da cidade e dos costumes das outras pessoas. Ele usava roupas feitas de pelos de comia gafanhotos e mel silvestre. Mas o que realmente chamava atenção não era sua aparência diferente, mas sim sua mensagem. Ele andava pelas margens do rio Jordão dizendo: "Arrependam-se, porque o Reino dos Céus está próximo!"

As pessoas começaram a ouvir falar de João e viajavam de longe para vê-lo. Ele ensinava sobre a necessidade de mudar de vida e voltar para Deus. Como sinal dessa transformação, João batizava aqueles que se arrependiam no rio Jordão.

Um dia, Jesus foi até João e pediu para ser batizado. João ficou surpreso e disse: "Eu é que preciso ser batizado por você!" Mas Jesus insistiu, e quando foi batizado, algo incrível aconteceu: os céus se abriram, e o Espírito Santo desceu sobre Jesus como uma pomba, enquanto Deus falava do céu: "Este é o meu Filho amado, em quem me agrado".

João Batista foi forjado na humildade e na missão de apontar as pessoas para Jesus. Ele sabia que não era a pessoa mais importante, mas que seu papel era preparar o coração das pessoas para conhecerem o Salvador.

Assim como João Batista, Deus também nos chama para mostrar Jesus aos outros. Podemos fazer isso falando sobre Ele, vivendo de um jeito que reflita Seu amor e ajudando as pessoas a se aproximarem de Deus.

Nesta semana, fale sobre Jesus com um amigo ou familiar. Você pode contar uma história bíblica, compartilhar um versículo ou simplesmente demonstrar amor e bondade em suas atitudes.

> "Preparem o caminho para o Senhor passar! Abram estradas retas para ele!"
> **Mateus 3:3b NTLH**

João Batista

61

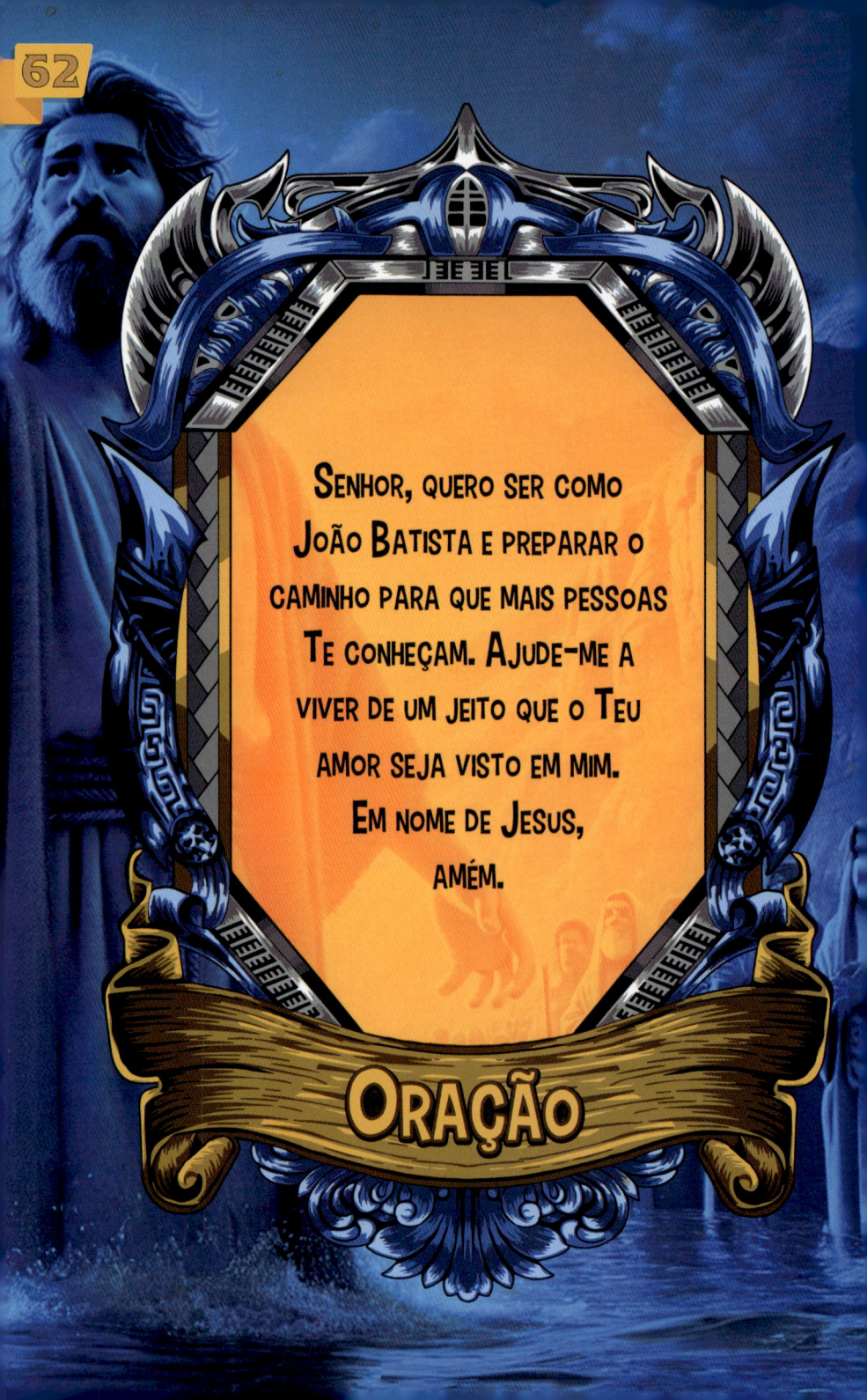

Senhor, quero ser como João Batista e preparar o caminho para que mais pessoas Te conheçam. Ajude-me a viver de um jeito que o Teu amor seja visto em mim. Em nome de Jesus, amém.

ORAÇÃO

FORJADOS

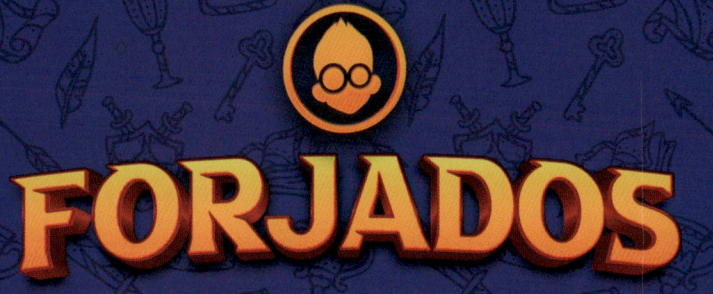

13

PEDRO

13 — Forjado Para Ser Firme Como Rocha

Mateus 16:13-19
João 21:15-17

FORJADOS

Pedro era um pescador comum até o dia em que Jesus o chamou para segui-Lo. Ele estava trabalhando no mar da Galileia quando Jesus disse: "Venha comigo, e eu farei de você um pescador de homens!" Sem hesitar, Pedro deixou tudo para trás e seguiu Jesus, aprendendo com Ele a cada dia.

Pedro era impulsivo e cheio de energia. Ele falava o que pensava, tomava decisões rápidas e, às vezes, cometia erros. Certa vez, viu Jesus andando sobre as águas e, cheio de fé, pediu para ir até Ele. Jesus o chamou, e Pedro começou a caminhar sobre as águas. Mas ao notar o vento e as ondas, sentiu medo e começou a afundar. Jesus o segurou e disse: "Por que você duvidou?"

Mesmo sendo um discípulo fiel, Pedro passou por um momento difícil quando Jesus foi preso. Com medo, negou conhecer a Jesus três vezes. Mas, depois da ressurreição, Jesus encontrou Pedro e lhe perguntou três vezes: "Pedro, você me ama?" E três vezes Pedro respondeu: "Sim, Senhor, eu Te amo". Então Jesus disse: "Cuide das minhas ovelhas".

Pedro foi forjado na perseverança e na transformação. Mesmo com falhas, ele nunca desistiu de Jesus. Depois de ser cheio do Espírito Santo, tornou-se um dos maiores pregadores da história e ajudou a espalhar o evangelho pelo mundo.

Deus não procura meninos perfeitos, mas sim aqueles dispostos a aprender e crescer. Ele quer nos moldar, assim como fez com Pedro, para sermos fortes e firmes na fé.

Nesta semana, peça a Deus que te ajude a melhorar em algo que tem sido um desafio para você. Pode ser paciência, coragem, ou até aprender a confiar mais n'Ele.

"Portanto, eu lhe digo: você é Pedro, e sobre esta pedra construirei a minha Igreja, e nem a morte poderá vencê-la".
Mateus 16:18 NTLH

Pedro

65

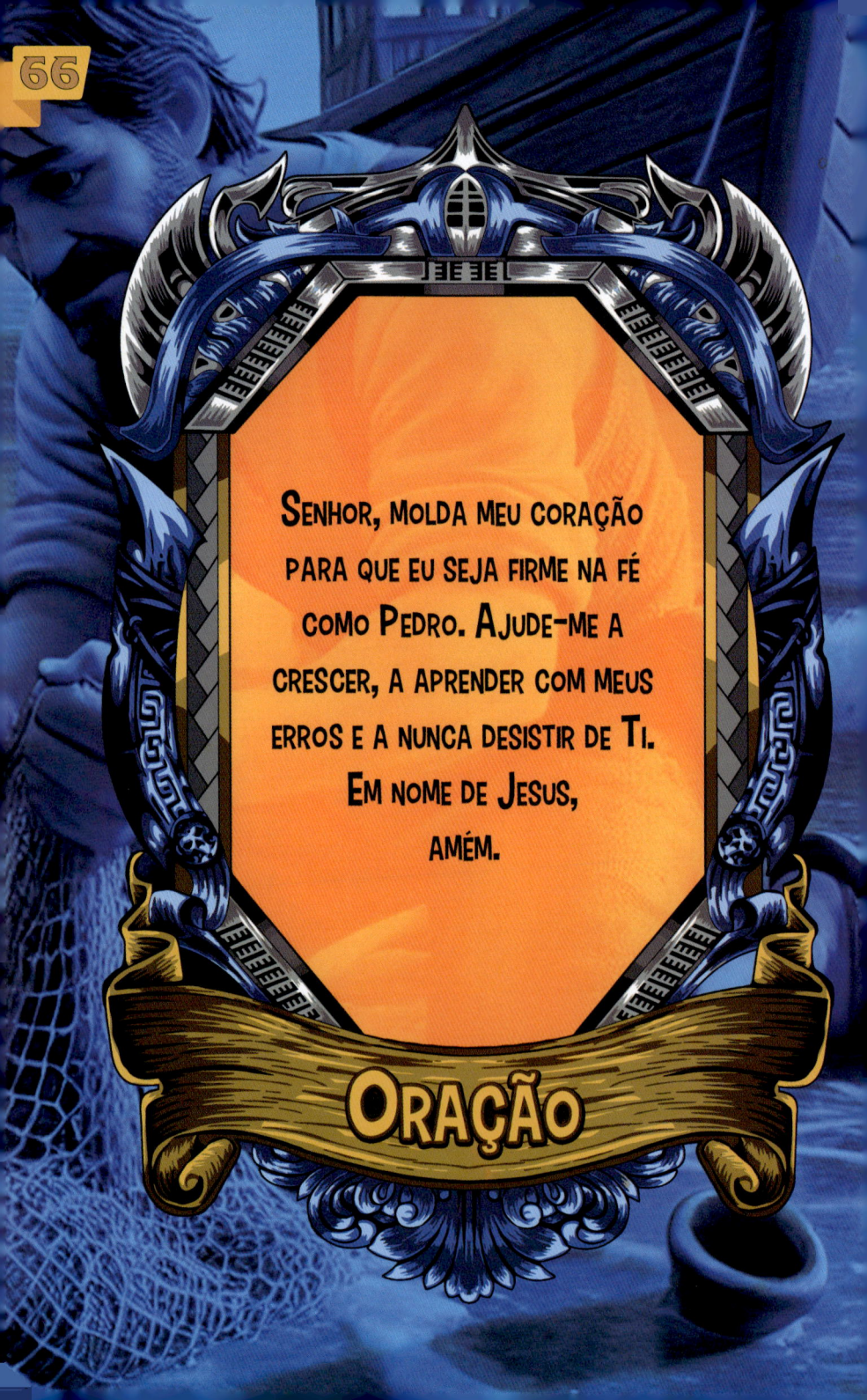

Senhor, molda meu coração para que eu seja firme na fé como Pedro. Ajude-me a crescer, a aprender com meus erros e a nunca desistir de Ti. Em nome de Jesus, amém.

ORAÇÃO

FORJADOS

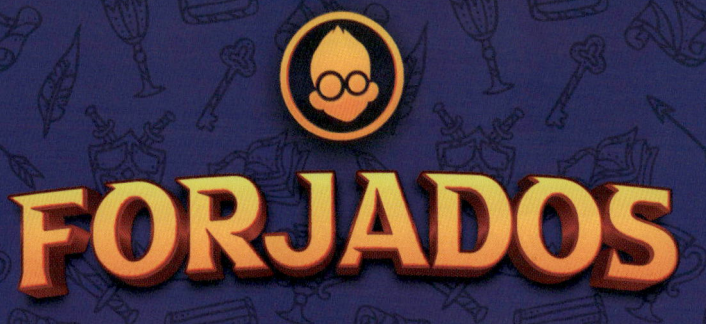

14

PAULO

14 — Forjado Para Transformar o Mundo

Atos 9; 2 Coríntios 11:23-27; Filipenses 4:13

FORJADOS

Paulo não começou sua vida como seguidor de Jesus. Na verdade, ele perseguia os cristãos, achando que estava fazendo a coisa certa. Na época, ele era conhecido como Saulo e acreditava que Jesus não era o verdadeiro Messias. Por isso, ele prendia aqueles que seguiam a Cristo e tentava acabar com o movimento cristão.

Mas um dia, enquanto viajava para Damasco, algo incrível aconteceu. Uma luz muito forte brilhou ao seu redor, e ele caiu no chão. Então, ouviu uma voz dizendo: "Saulo, Saulo, por que você me persegue?" Era Jesus falando com ele! Naquele momento, Saulo ficou cego e precisou ser guiado até a cidade. Três dias depois, um homem chamado Ananias foi enviado por Deus para orar por ele, e Saulo voltou a enxergar. A partir daquele dia, ele nunca mais foi o mesmo.

Paulo foi transformado e passou o resto da sua vida falando sobre Jesus. Ele viajou por vários lugares, pregando o evangelho e ensinando as igrejas. Mas essa missão não foi fácil. Ele foi preso, apedrejado, naufragou e sofreu muitas perseguições, mas nunca desistiu.

Ele escreveu muitas cartas que hoje fazem parte da Bíblia e nos ensinam a viver como verdadeiros seguidores de Cristo. Uma de suas frases mais conhecidas é: "Posso todas as coisas naquele que me fortalece".

Paulo foi forjado na transformação e na resistência. Deus o mudou completamente e o usou para transformar o mundo. Ele nos ensina que, não importa o nosso passado, Deus pode nos transformar e nos usar para fazer grandes coisas.

Às vezes, podemos pensar que já erramos muito ou que não somos bons o suficiente, mas Deus sempre nos dá uma nova oportunidade para sermos usados por Ele.

Nesta semana, ore para que Deus transforme alguma área da sua vida e peça forças para cumprir o plano que Ele tem para você.

> "Com a força que Cristo me dá, posso enfrentar qualquer situação".
> **Filipenses 4:13 NTLH**

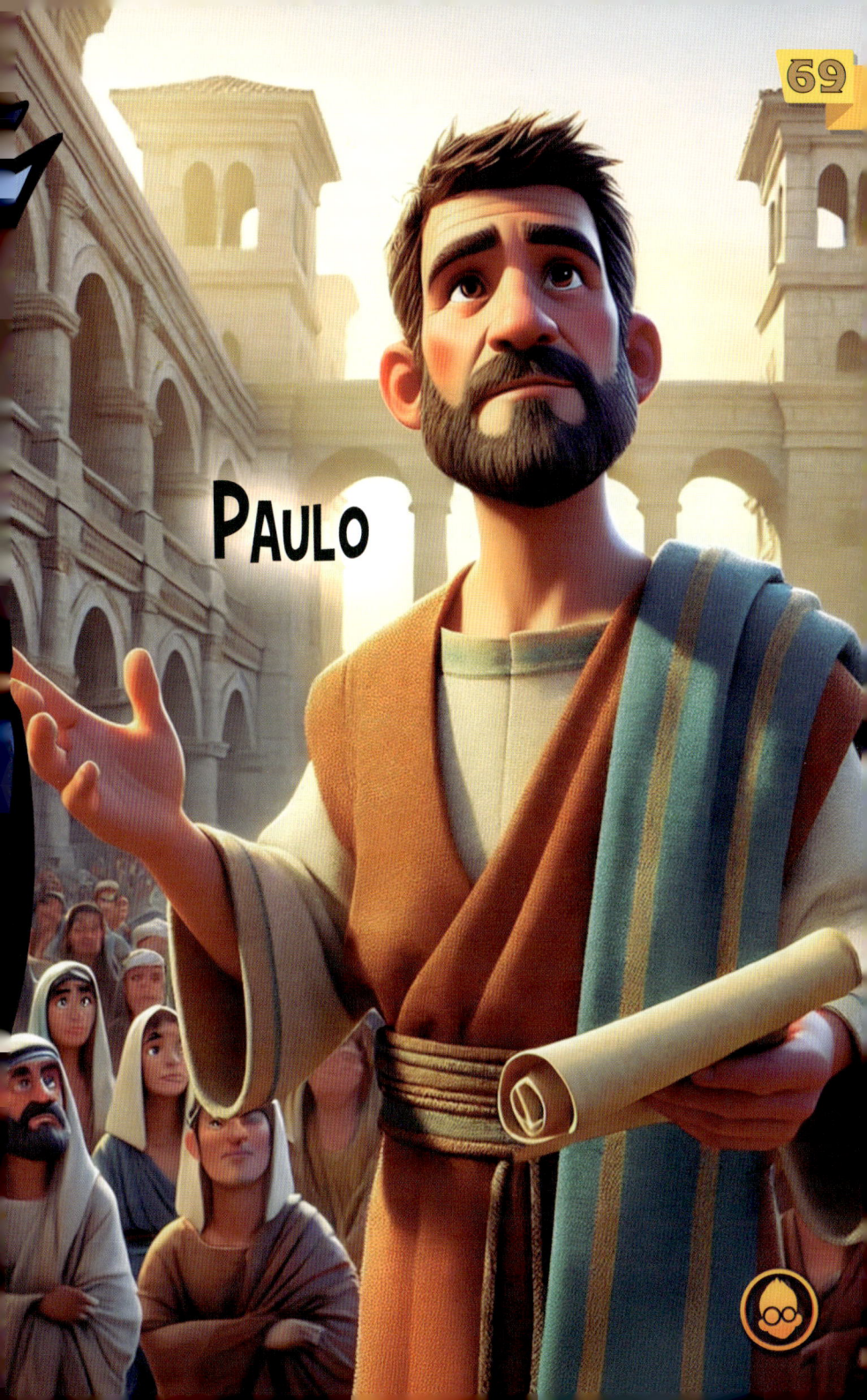

Paulo

69

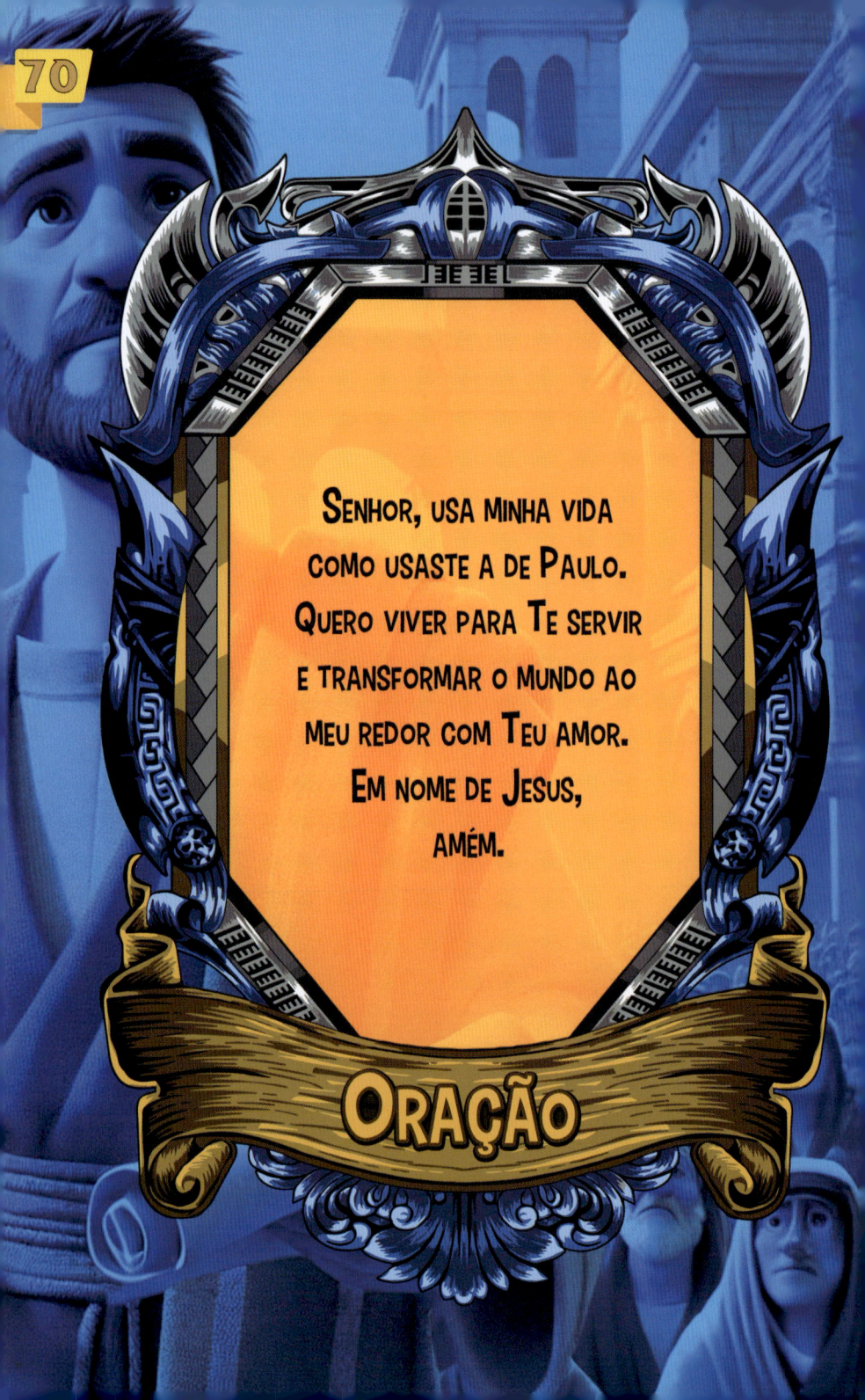

Senhor, usa minha vida como usaste a de Paulo. Quero viver para Te servir e transformar o mundo ao meu redor com Teu amor. Em nome de Jesus, amém.

ORAÇÃO

FORJADOS

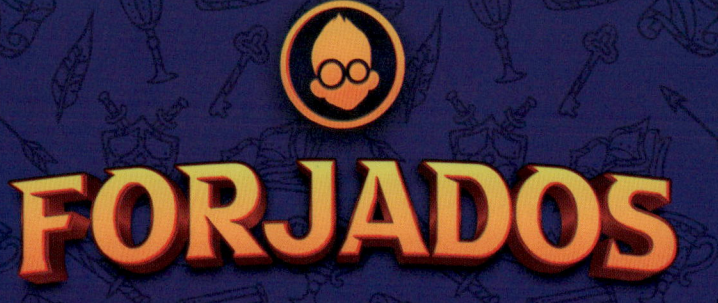

15

TIMÓTEO

15 — Forjado Para Ser Um Exemplo

2 Timóteo

Timóteo era um jovem que cresceu aprendendo sobre Deus com sua mãe, Eunice, e sua avó, Lóide. Desde pequeno, foi ensinado a amar e obedecer à Palavra de Deus. Quando Paulo o conheceu, percebeu que Timóteo tinha um coração sincero e decidiu treiná-lo para ser líder na igreja.

Apesar de ser jovem, Timóteo assumiu grandes responsabilidades. Ele ajudava a liderar as igrejas e ensinava as pessoas sobre Jesus. No entanto, nem todos o respeitavam por causa da sua idade. Por isso, Paulo escreveu uma carta para encorajá-lo, dizendo: "Ninguém o despreze por você ser jovem, mas seja um exemplo para os fiéis na palavra, no procedimento, no amor, na fé e na pureza".

Timóteo não deixou sua idade ser um obstáculo. Ele foi forjado na responsabilidade e no bom exemplo, mostrando que os jovens também podem fazer a diferença no Reino de Deus.

Muitas vezes, as pessoas acham que as crianças e os adolescentes não podem ensinar ou liderar, mas Deus vê o coração. Ele pode usar qualquer um que esteja disposto a viver para Ele.

Nesta semana, escolha ser um exemplo em alguma área da sua vida. Pode ser ajudando em casa, tratando bem as pessoas ou mostrando mais paciência e bondade.

> "Não deixe que ninguém o despreze por você ser jovem. Mas, para os que creem, seja um exemplo na maneira de falar, na maneira de agir, no amor, na fé e na pureza".
> 1 Timóteo 4:12 NTLH

FORJADOS

Timóteo

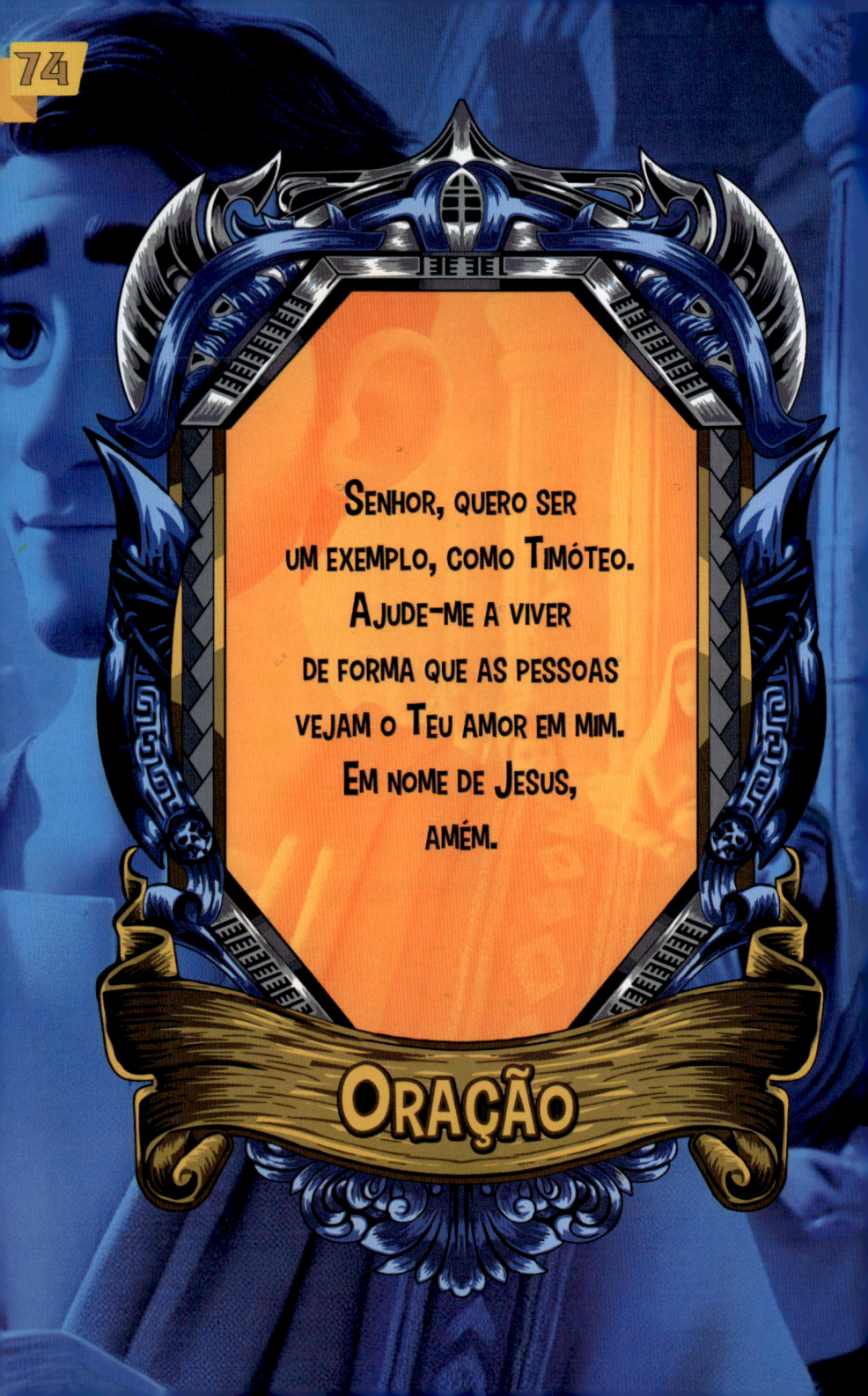

Senhor, quero ser um exemplo, como Timóteo. Ajude-me a viver de forma que as pessoas vejam o Teu amor em mim. Em nome de Jesus, amém.

Oração

FORJADOS

16

ESTÊVÃO

Forjado Para a Coragem e a Fé

Atos 6-7

Estêvão era um homem cheio de fé e do Espírito Santo. Ele fazia parte dos primeiros seguidores de Jesus e ajudava a cuidar dos necessitados na igreja primitiva. Além disso, pregava sobre Jesus com ousadia e realizava grandes sinais e milagres entre o povo.

Mas nem todos gostavam da mensagem de Estêvão. Alguns líderes religiosos começaram a se incomodar porque muitas pessoas estavam ouvindo suas palavras e acreditando em Jesus. Então, começaram a mentir sobre ele, dizendo que estava falando contra Deus. Estêvão foi levado ao conselho religioso para se defender, mas, em vez de ter medo, ele usou essa oportunidade para falar sobre Jesus.

Ele contou toda a história do povo de Israel e mostrou como Jesus era o Salvador prometido por Deus. Mas os líderes ficaram furiosos com suas palavras e decidiram apedrejá-lo. Mesmo diante da morte, Estêvão não sentiu ódio ou medo. Pelo contrário, ele olhou para o céu e viu Jesus de pé, esperando por ele. Suas últimas palavras foram: "Senhor, perdoa essas pessoas pelo que estão fazendo".

Estêvão foi forjado na coragem e na fé inabalável. Ele nos ensina que não devemos ter medo de falar sobre Jesus, mesmo quando enfrentamos dificuldades.

Talvez hoje não precisemos enfrentar perseguições tão grandes, mas ainda podemos ser criticados ou ridicularizados por seguir a Jesus. O que importa é permanecermos fiéis e corajosos, confiando que Deus sempre está conosco.

Nesta semana, ore para que Deus te dê coragem para falar sobre Jesus a alguém, seja um amigo, um colega de escola ou um familiar.

> "Felizes são vocês quando os insultam, perseguem e dizem todo tipo de calúnia contra vocês por serem meus seguidores".
> **Mateus 5:11 NTLH**

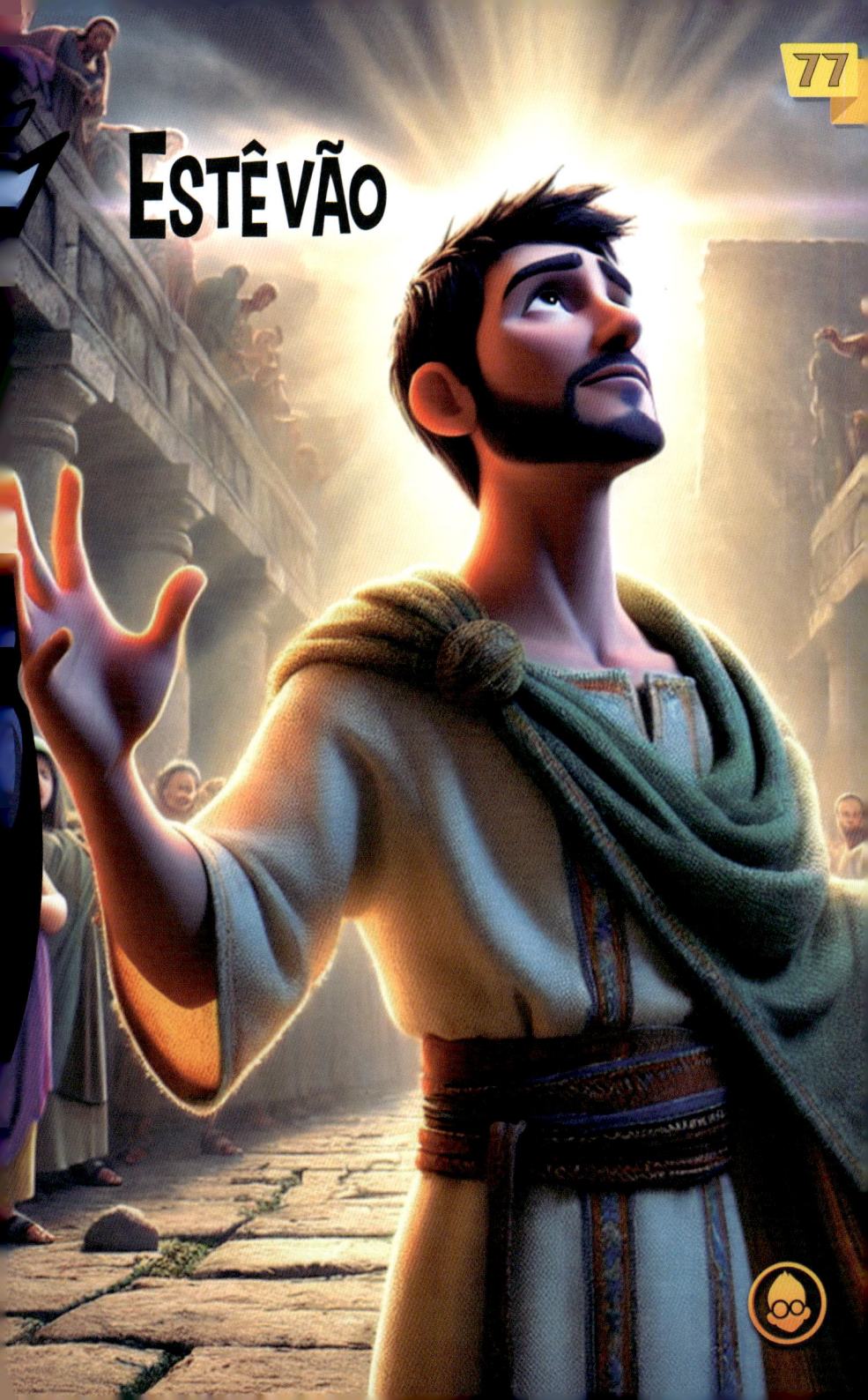

Estêvão

77

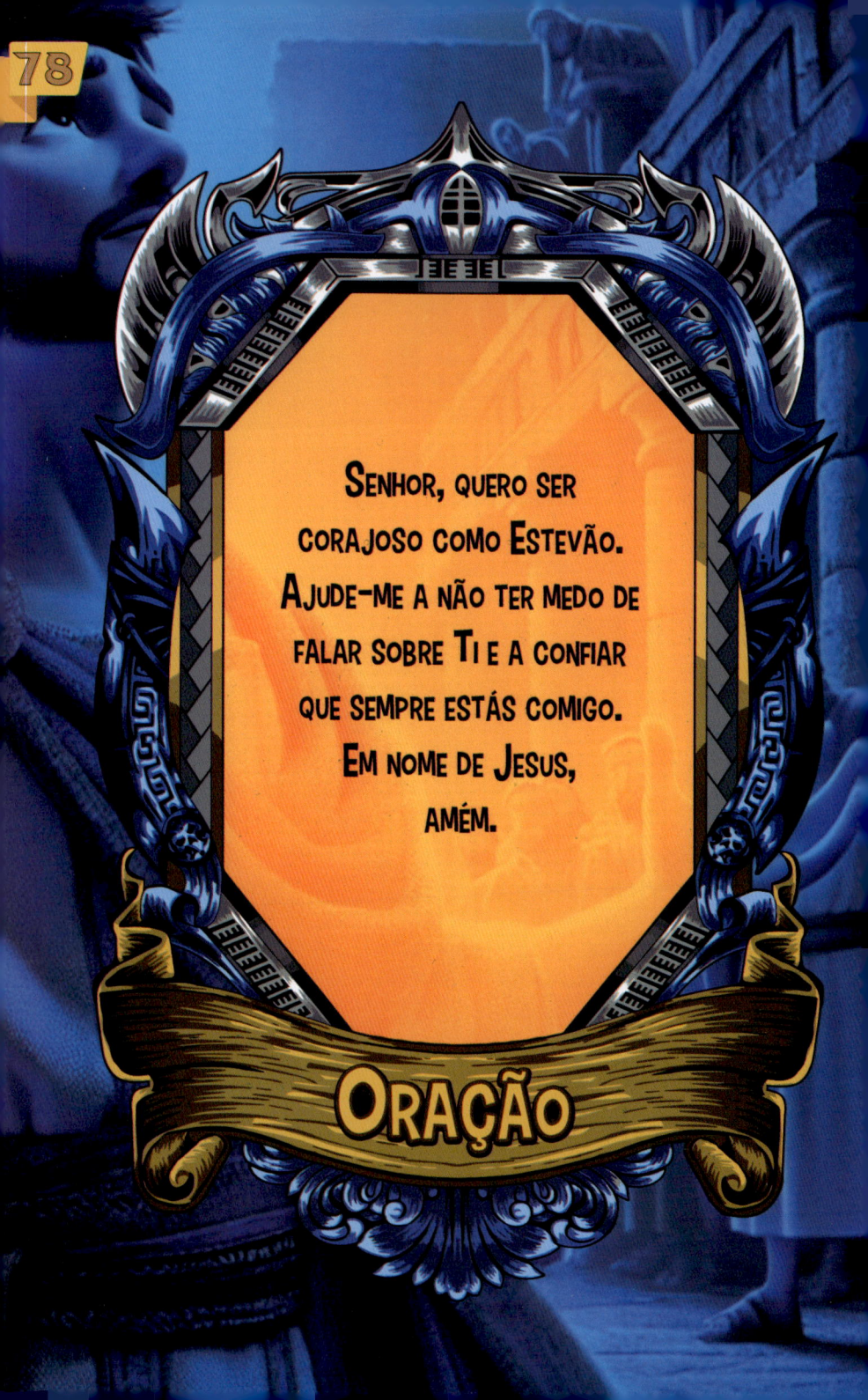

Senhor, quero ser corajoso como Estevão. Ajude-me a não ter medo de falar sobre Ti e a confiar que sempre estás comigo. Em nome de Jesus, amém.

Oração

FORJADOS

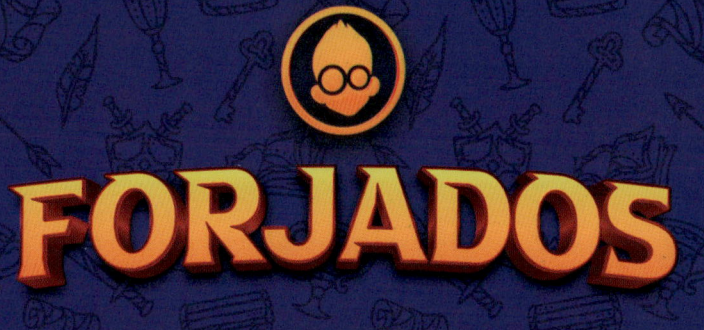

17

JESUS

17

Forjado Para Ser o Salvador do Mundo

Lucas 2:52; Mateus 4:1-11; João 3:16

FORJADOS

Desde antes de nascer, Jesus já tinha um propósito especial: ser o Salvador do mundo. Ele veio para cumprir a missão mais importante de todas — nos reconciliar com Deus e nos ensinar a viver conforme a vontade do Pai.

Jesus nasceu em Belém, foi colocado em uma manjedoura simples e criado por Maria e José. Ele crescia em sabedoria, estatura e graça diante de Deus e dos homens. Desde pequeno, Ele mostrava que tinha um coração voltado para o Pai. Com apenas doze anos, foi encontrado no templo conversando com os mestres da lei e ensinando sobre Deus.

Quando Jesus cresceu, Ele foi foi batizado por João Batista e começou a sua missão de ensinar sobre Deus. Mas antes de tudo, Ele passou 40 dias no deserto, onde foi tentado pelo diabo. Satanás tentou fazer Jesus duvidar do plano de Deus, oferecendo-lhe poder, comida e glória. Mas Jesus, com sabedoria, respondeu a cada tentação com a Palavra de Deus, mostrando que a verdadeira força está em obedecer ao Pai.

Durante três anos, Jesus ensinou sobre o Reino de Deus, curou os doentes, alimentou milhares de pessoas, ressuscitou mortos e mostrou um amor incrível por todos. Mas o maior ato de amor de Jesus foi quando Ele entregou Sua vida na cruz pelos nossos pecados. Ele sofreu, morreu e foi sepultado, mas, ao terceiro dia, ressuscitou! Ele venceu a morte e abriu o caminho para que todos nós pudéssemos ter um relacionamento com Deus.

Jesus foi forjado na obediência e no amor incondicional. Ele nos ensina que ser forte não é apenas vencer batalhas, mas também amar, servir e confiar em Deus acima de tudo. Se queremos ser verdadeiros seguidores de Jesus, devemos seguir Seu exemplo - amar as pessoas, obedecer a Deus e confiar que Ele tem um plano perfeito para nós.

Nesta semana, escolha uma atitude de Jesus para imitar. Pode ser tratar alguém com bondade, perdoar uma ofensa ou passar um tempo especial em oração.

"Conforme crescia, Jesus ia crescendo também em sabedoria, e tanto Deus como as pessoas gostavam cada vez mais dele".
Lucas 2:52 NTLH

Jesus

81

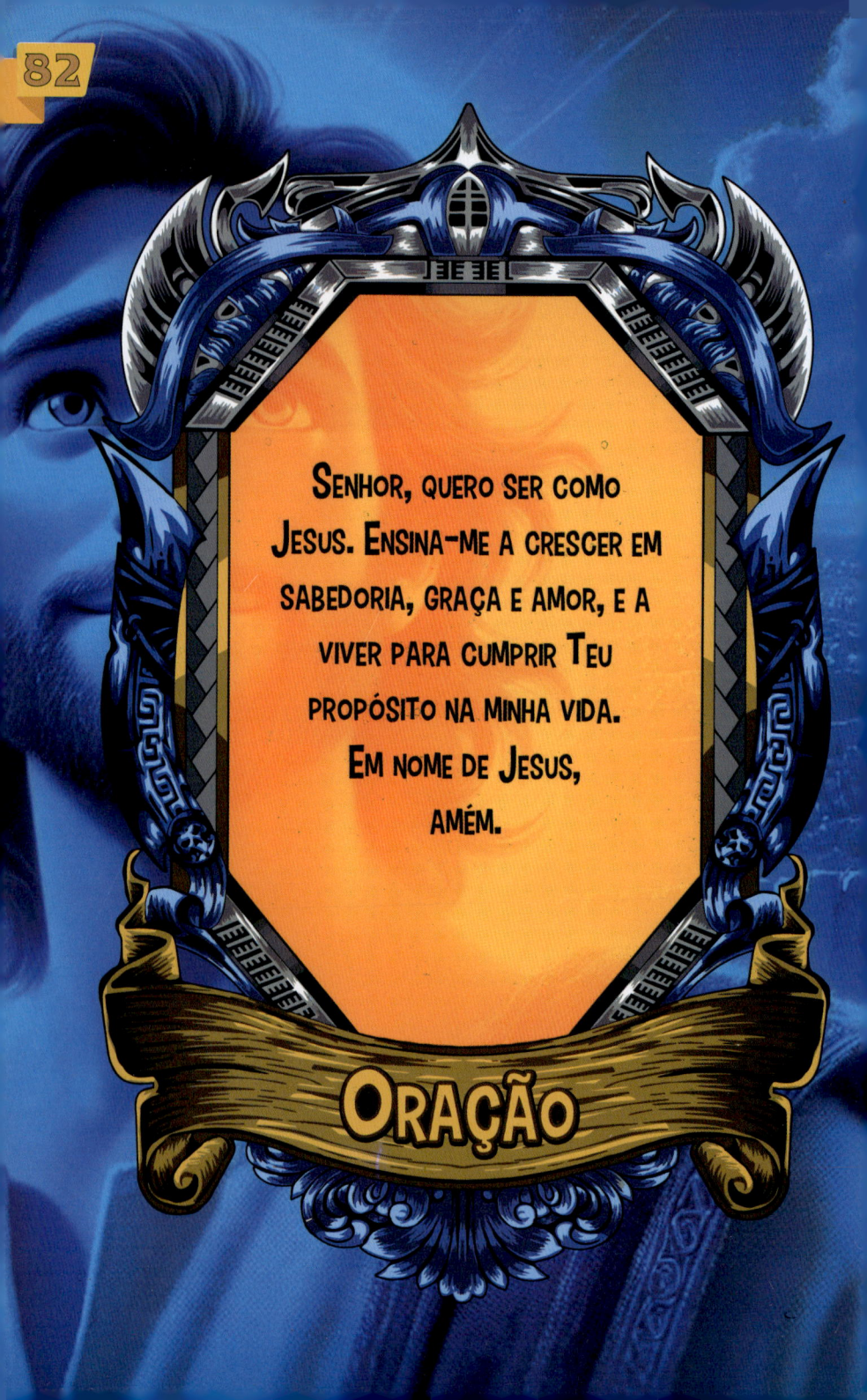

Senhor, quero ser como Jesus. Ensina-me a crescer em sabedoria, graça e amor, e a viver para cumprir Teu propósito na minha vida. Em nome de Jesus, amém.

Oração

FORJADOS

18

MENINOS FORJADOS PARA CUMPRIR O PROPÓSITO

18

FORJADOS

Romanos 12:2; Filipenses 1:6; Provérbios 27:17

Meninos Forjados Para cumprir o Propósito

Ao longo deste livro, conhecemos homens que foram forjados por Deus para cumprir um propósito. Nenhum deles nasceu pronto. Cada um enfrentou desafios, aprendeu com suas falhas e passou por um processo que os tornou fortes e preparados para o Reino.

Abraão foi forjado na fé e na paciência, aprendendo a confiar em Deus sem ver o futuro. José enfrentou injustiças, mas permaneceu fiel e foi exaltado no tempo certo. Moisés precisou superar seus medos para liderar um povo inteiro. Davi enfrentou gigantes e descobriu que a verdadeira força vem de Deus. Daniel escolheu ser fiel, mesmo quando isso o levou à cova dos leões.

Neemias restaurou o que estava destruído, Timóteo foi um exemplo, e Estêvão não teve medo de defender sua fé. Pedro aprendeu a ser firme como uma rocha, e Paulo foi transformado completamente para cumprir seu chamado. E acima de todos eles, Jesus foi o maior exemplo de alguém forjado para o propósito eterno.

Agora, a jornada é sua. Deus quer forjar você para ser um menino forte, sábio e corajoso. Talvez você ainda não enxergue o futuro ou sinta medo dos desafios, mas Deus está te moldando. Ele usa cada experiência, cada dificuldade e cada aprendizado para fazer de você um verdadeiro guerreiro do Seu Reino.

Os homens da Bíblia não eram perfeitos, mas tinham algo em comum: permitiram que Deus os moldasse. E você? Está disposto a deixar Deus forjar sua vida? Está pronto para crescer na fé, desenvolver sua coragem e se tornar um líder que impacta o mundo?

> "Não vivam como vivem as pessoas deste mundo, mas deixem que Deus os transforme por meio de uma completa mudança da mente de vocês. Assim vocês conhecerão a vontade de Deus, isto é, aquilo que é bom, perfeito e agradável a ele".
> Romanos 12:2 NTLH

Menino Forjado

85

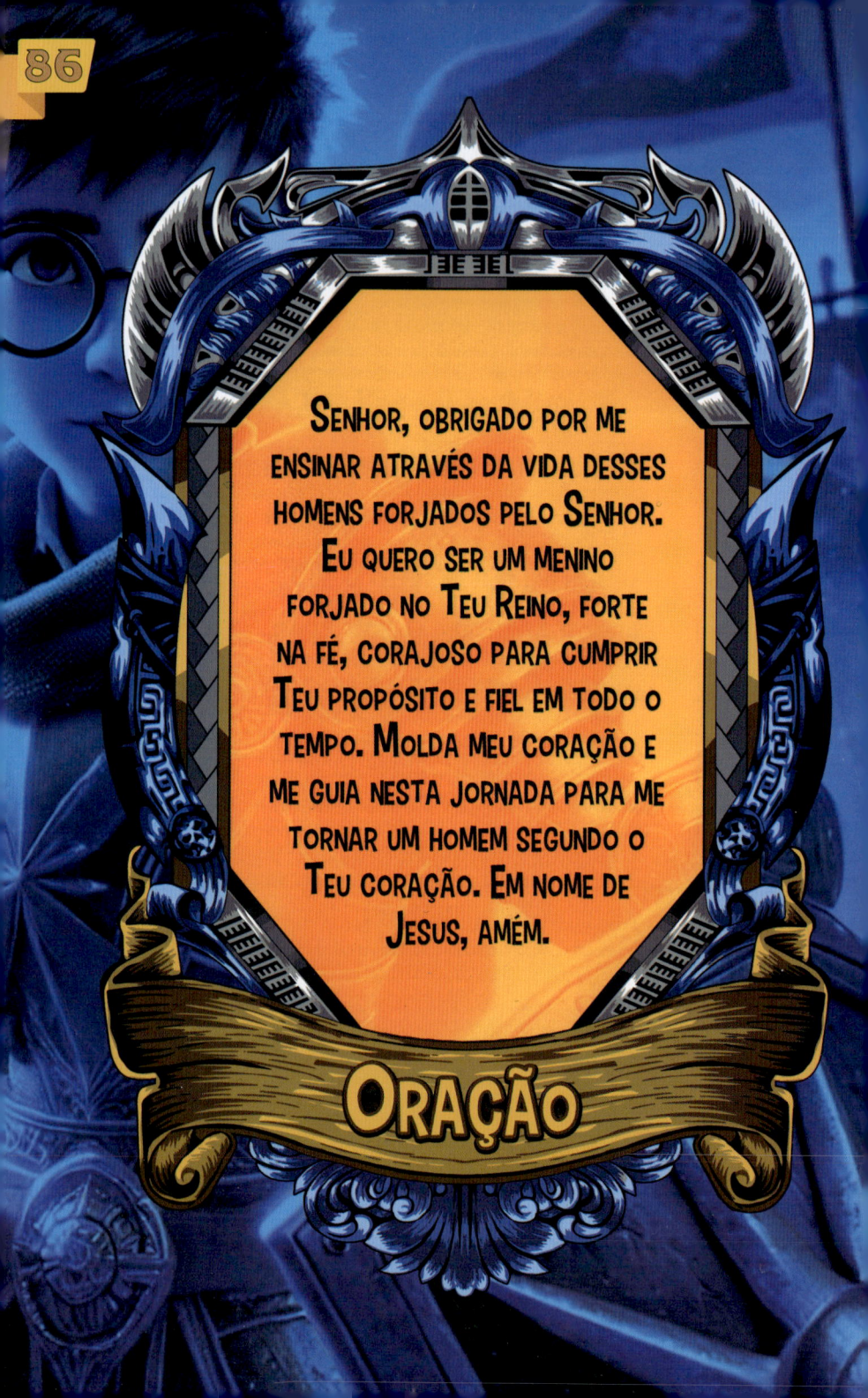

Senhor, obrigado por me ensinar através da vida desses homens forjados pelo Senhor. Eu quero ser um menino forjado no Teu Reino, forte na fé, corajoso para cumprir Teu propósito e fiel em todo o tempo. Molda meu coração e me guia nesta jornada para me tornar um homem segundo o Teu coração. Em nome de Jesus, amém.

Oração